CLASSIQUES LAROUSSE

Collection fondée en

con

LÉON LEJEALLE (1949 à 1968)

Agrégés

VOLTAIRE

MICROMÉGAS
L'INGÉNU

avec une Notice biographique, une Notice historique et littéraire,
des Notes explicatives, une Documentation thématique,
des Jugements, un Questionnaire et des Sujets de devoirs,

par

GUILLAUME PICOT

*Maître-Assistant à la faculté des lettres
et sciences humaines de Paris-Nanterre*

LIBRAIRIE LAROUSSE

17, rue du Montparnasse, 75298 PARIS

RÉSUMÉ CHRONOLOGIQUE
DE LA VIE DE VOLTAIRE
1694-1778

1694 — **Baptême** en l'église Saint-André-des-Arts à **Paris**, le 22 novembre, de **François Marie Arouet**, « né le jour précédent », fils de Mᵉ François Arouet, conseiller du roi, ancien notaire au Châtelet de Paris, et de Marguerite Daumart de Mauléon. Le parrain est François de Castagnier de Châteauneuf, abbé commendataire de Varenne. — Les Arouet descendaient d'une famille poitevine de tanneurs et de drapiers. François Marie avait un frère de dix ans et une sœur de neuf ans, qui deviendra Mᵐᵉ Mignot. — Mᵐᵉ Arouet, fille d'un greffier criminel au parlement de Paris, avait brillé à Versailles et se distinguait par son esprit mordant. Les réceptions de Mᵉ Arouet étaient brillantes : on y rencontrait le chansonnier Rochebrune, Ninon de Lenclos, le duc de Richelieu, Saint-Simon, l'abbé de Châteauneuf et Boileau, voisin de la famille.

1701 — Mort de sa mère. C'est l'abbé de Châteauneuf, l'oncle « libertin », qui se charge de l'éducation du futur Voltaire.

1704 — François Marie Arouet entre au **collège Louis-le-Grand**, tenu par les **jésuites**, alors que son frère aîné avait été mis à Saint-Magloire, maison d'enseignement janséniste. L'établissement accueille les héritiers des plus hautes familles : d'Argental et Pont de Veyle, Cideville (futur conseiller au parlement de Rouen), Fyot de La Marche (qui sera président au parlement de Bourgogne), les deux frères d'Argenson (destinés l'un et l'autre à devenir ministres).

1706 — L'abbé de Châteauneuf l'introduit dans la **société du Temple** : il y a là le grand prieur Philippe de Vendôme et son frère le maréchal de Vendôme, l'abbé de Chaulieu, le marquis de La Fare, l'abbé Servien, le duc de Sully, l'abbé de Courtin. Il amuse la marquise de Mimeure avec la chronique du collège, fait rire la duchesse de Richelieu avec ses propos libertins. — Il n'en poursuit pas moins des **études solides**, s'intéressant beaucoup à l'histoire contemporaine et aux choses de la politique : parmi ses maîtres éminents, le père Tournemine, le futur abbé d'Olivet. De son éducation, il conservera une vive admiration pour les grands auteurs de l'Antiquité et un **goût** étroitement, mais fermement **classique**.

1711 — Au sortir du collège, une charge d'avocat du roi attend le brillant sujet. Il se dégoûte très vite des études de droit et surtout ne veut pas d'« une considération qui s'achète ». Il veut « s'en faire une qui ne coûte rien ». Le révolté fait si bien qu'on doit l'éloigner quelque temps à Caen.

1713 — Le marquis de Châteauneuf, frère de l'abbé, étant devenu chargé d'affaires à La Haye, rejoint son poste et emmène Arouet avec lui : peut-être l'intéressera-t-il à la diplomatie. A peine **arrivé dans la capitale hollandaise**, le jeune homme fréquente le salon de Mᵐᵉ du Noyer, réfugiée protestante, qui avait fondé un périodique satirique, *la Quintessence*. Il collabore à cette publication et s'intéresse à la fille de la maison, Olympe ; il rêve de fuir avec elle à Paris et va jusqu'à intéresser le père Tournemine à cet enlèvement, en le persuadant qu'il s'agit d'arracher une âme à la religion protestante. En décembre, Arouet revient, seul, à Paris et commence un **stage** dans l'**étude d'un procureur**, Mᵉ Alain ; il y fait la connaissance de Thiriot (ou Thieriot), à qui une longue amitié le liera.

1714 — **Publications satiriques** : *le Bourbier*, dirigé contre Houdar de La Motte, et *l'Anti-Giton*. L'imprudent qui **commence à signer Voltaire** doit chercher asile chez M. de Caumartin, au château de Saint-Ange, sur les bords du Loing.

© *Librairie Larousse*, 1972

ISBN 2-03-870187-3

1716 — De retour à Paris, Voltaire se mêle aux intrigues contre le Régent. Après en avoir ri, celui-ci l'envoie à Sully-sur-Loire.

1717 — Retour à Paris (janvier). Deux nouveaux **poèmes satiriques** lui sont attribués; le second (*Puero regnante*) est de lui. **Le Régent envoie Voltaire à la Bastille** (mai), où il compose un chant de *la Henriade*.

1718 — Sortie de prison (avril), mais obligation pour lui de résider à Châtenay; jusqu'en octobre, chacun de ses séjours à Paris sera soumis à une autorisation spéciale. — **Triomphe d'Œdipe**, tragédie (novembre) qui a quarante-cinq représentations successives. Le Régent, à qui est dédiée la pièce, accorde une pension.

1719-1722 — Voltaire mène une vie de plaisirs : il assiste aux Nuits de Sceaux, chez la duchesse du Maine. Il dédie à une aventurière, Mⁿᵉ de Rupelmonde, l'*Epître à Uranie*, qui deviendra *le Pour et le contre*. — En 1722, il séjourne, par prudence, en Hollande.

1723 — Mort de son père. Lui-même manque d'être emporté par la petite vérole. — Publication, sans autorisation de la censure, par les soins de l'abbé Desfontaines, de *la Ligue ou Henri le Grand*, poème épique.

1724 — Première représentation de *Mariamne* (mars), qui sera reprise avec *Œdipe* et la comédie de *l'Indiscret* lors des fêtes données à l'occasion du mariage de Louis XV l'année suivante.

1725 — Voltaire fréquente des amis du duc d'Orléans, fait quelques avances au cardinal Dubois. Il est assez lié avec Mᵐᵉ de Prie, « fée de la Bourse ». — Voltaire et le chevalier de Rohan s'étant pris de querelle (décembre), ce dernier le fait bâtonner.

*
* *

1726-1727 — Un duel était prévu entre Voltaire et son antagoniste (avril 1726), quand on incarcère l'écrivain à la **Bastille**; au début de mai, Voltaire **part pour l'Angleterre**, où il est reçu par lord Bolingbroke en son hôtel de Pall Mall, à Londres. Il fait là de nombreuses connaissances : le duc de Newcastle, Bubb Dodington (futur lord Melcombe); il fréquente chez Pope, à Twickenham. Il rencontre Swift, qui publiait un journal humoristique, le *Graftsman*, et John Gay, auteur dramatique et poète. Il prend connaissance de l'*Essai sur l'entendement humain* de Locke, fréquente Young, Berkeley et Clarke. Il admire non sans réserve le théâtre de Shakespeare : *Julius Caesar* lui inspirera *la Mort de César*, tandis qu'*Othello* lui donne l'idée de *Zaïre*. — Vite familiarisé avec la langue du pays, il fait paraître en anglais deux ouvrages revus par Young : *Essai sur les guerres civiles de France* et *Essai sur la poésie épique*. Tous les thèmes familiers à Voltaire s'y trouvent déjà et ils plaisent aux Anglais : antipapisme; hommage à l'Angleterre, reine des arts, des armes et des lois; égards dus aux gens de lettres.

1728 — Édition remaniée de *la Ligue*, sous le titre de *la Henriade*, dédiée à la reine d'Angleterre. — **Retour en France** (fin de l'année); période de travail : Voltaire rédige l'*Histoire de Charles XII*, met au point les *Lettres anglaises* et les autres œuvres qui paraîtront les années suivantes.

1729-1730 — Reprise d'une vive activité : Voltaire se lance dans des **spéculations financières**, qui lui permettront d'avoir l'aisance nécessaire à son confort et à son indépendance. — Mort d'Adrienne Lecouvreur (15 mars 1730), titulaire du rôle de Jocaste dans *Œdipe* : l'Eglise refuse à l'actrice la sépulture chrétienne; Voltaire protestera plus d'une fois contre cette indignité. — Succès de *Brutus*, tragédie (11 décembre 1730).

1731-1732 — Saisie du premier volume de l'*Histoire de Charles XII;* interdiction de *la Mort de César*. — Éclatant succès de *Zaïre* (13 août 1732).

1733 — *Le Temple du goût,* œuvre de critique littéraire favorable aux grands classiques du XVII° siècle, soulève des polémiques. — Rencontre de M™ du Châtelet : c'est le début d'une longue liaison.

1734 — *Adélaïde du Guesclin* (18 janvier). — La **publication des *Lettres philosophiques,*** auxquelles sont jointes les *Remarques sur Pascal,* met Voltaire sous la menace d'une arrestation. Celui-ci se réfugie au **château de Cirey, en Lorraine, chez M™ du Châtelet :** tout en ayant dès l'année suivante la permission de revenir à Paris, il trouvera pendant de longues années à Cirey l'abri qui lui permettra de se tenir à distance des menaces de l'autorité.

1735-1736 — Représentations de *la Mort de César* (11 août 1735), d'*Alzire* (27 janvier 1736); publication du poème *le Mondain* (novembre 1736); nouvelles menaces d'arrestation.

1737-1739 — Voyages aux Pays-Bas, en Belgique, avec, de nouveau, quelques passages à Paris. Les longs séjours à Cirey sont surtout consacrés à des études scientifiques, qui passionnent M™ du Châtelet. Publication des *Eléments de la philosophie de Newton* (1737), des *Discours en vers sur l'homme* (1738).

1740 — Première rencontre de Voltaire et de Frédéric II, à Clèves (11 septembre); court voyage à Berlin (novembre).

1741-1744 — Voltaire joue un **rôle actif dans la diplomatie officieuse :** il accomplit deux missions (août 1742 et septembre 1743) auprès de Frédéric II, qui ne se laisse cependant pas ramener dans l'alliance française. — Succès de *Mahomet* (1742) et de *Mérope* (1743).

1745-1746 — Années de gloire officielle : représentation de *la Princesse de Navarre* à l'occasion des noces du Dauphin; composition du *Poème de Fontenoy* (1745). Voltaire est nommé historiographe du roi (mars 1745) **et élu à l'Académie française (mai 1746).** Le pape Benoît XIV accepte la dédicace de *Mahomet.*

1747-1748 — Les relations avec le pouvoir sont moins bonnes; Voltaire se retire à Sceaux, chez la duchesse du Maine, pour écrire *Zadig,* dont la première version paraît à Amsterdam (septembre 1747). — Séjours à la cour du roi Stanislas, à Lunéville. — *Sémiramis,* tragédie (août 1748), a peu de succès.

1749 — *Nanine,* comédie; *Memnon,* conte. — **Mort de M™ du Châtelet** (10 septembre) : désarroi de Voltaire.

1750-1753 — Départ pour la Prusse (28 juin 1750). Les bonnes relations entre Voltaire et Frédéric II s'altèrent assez vite. Le pamphlet de Voltaire (*Diatribe du docteur Akakia*) contre le savant Maupertuis, directeur de l'Académie de Berlin, envenime les choses; Voltaire quitte Berlin le 27 mars 1753. — Publication du *Siècle de Louis XIV* (1751) et de *Micromégas* (1752).

1755 — Après une année passée à Colmar, Voltaire s'installe **à Genève et y achète les Délices** (février); dès le mois de juillet, il se voit refuser par le Consistoire l'autorisation de donner des représentations théâtrales. — La Comédie-Française représente *l'Orphelin de la Chine* (août). — Voltaire rédige des articles pour l'*Encyclopédie :* il remercie Rousseau de lui avoir envoyé le *Discours sur l'origine de l'inégalité* (lettre du 30 août 1755).

1756 — L'*Essai sur l'histoire générale et sur les mœurs et l'esprit des nations depuis Charlemagne jusqu'à nos jours,* qui deviendra, en 1759, l'*Essai sur les mœurs et l'esprit des nations.* — Publication en France du *Poème sur la loi naturelle* (écrit en 1751) et du *Poème sur le désastre de Lisbonne* (tremblement de terre de 1755), auquel Rousseau rétorque par sa lettre du **17 août 1756.**

1757 — Voltaire sert d'intermédiaire entre le gouvernement français et Frédéric II, qui cherche à faire la paix; mais le parti de la guerre l'emporte à Paris.

*
* *

1758 — Voltaire est accusé, non sans raison, d'avoir inspiré à d'Alembert l'article « Genève » de l'*Encyclopédie* : protestation des pasteurs genevois et de Rousseau (*Lettre à d'Alembert*). — **Achat de la terre de Ferney** (octobre), dans le pays de Gex, où Voltaire, secondé par sa nièce, Mme Denis, s'installe et commence de grands travaux. — *Le Pauvre Diable*, satire contre Fréron, adversaire des philosophes.

1759-1761 — Publication de *Candide* (janvier 1759). — Désormais, sûr de son indépendance et décidé à user de toute son influence, Voltaire intensifie les polémiques contre les adversaires des philosophes (*Relation de la maladie du jésuite Berthier*, 1759). — *La Vanité*, satire contre Lefranc de Pompignan, auteur de poésies sacrées. — La rupture avec Rousseau est complète : les *Lettres sur la Nouvelle Héloïse* (1761), sous la signature du marquis de Ximénès, ridiculisent le roman de Rousseau.

1762-1764 — Tout en continuant à améliorer l'organisation et l'économie de son domaine de Ferney, Voltaire **entreprend de réhabiliter Calas**, protestant toulousain condamné à mort et exécuté après avoir été faussement accusé du meurtre de son fils. Le *Traité sur la tolérance* (1763) est destiné à cette campagne. Le *Dictionnaire philosophique portatif* (1764) est un instrument de propagande largement diffusé. — *Jeannot et Colin*, conte (1764). — *Commentaires sur Corneille* (1764), dont l'édition est donnée au profit d'une descendante de Corneille, adoptée par Voltaire.

1765 — *La Philosophie de l'histoire*. — **Réhabilitation de Calas**. Voltaire se charge de la défense de la **famille Sirven** : le roi de Prusse, Catherine de Russie, les rois de Pologne et de Danemark aident financièrement Voltaire dans son action judiciaire, qui sera finalement gagnée en 1771.

1766-1773 — Action directe : Voltaire entreprend la **procédure en réhabilitation du chevalier de La Barre,** condamné et exécuté (juillet 1766) pour manifestations libertines sur le passage d'une procession : l'attitude du chevalier, pour certains parlementaires, trouverait sa source dans les ouvrages des philosophes. Il fait réhabiliter également Montbailli et dresse le front philosophique contre la candidature du président de Brosses à l'Académie. Il entreprend enfin la réhabilitation de Lally-Tollendal, condamné et décapité en 1766 à la suite de la capitulation de Pondichéry. — Publication de contes : l'*Ingénu* (1767), la *Princesse de Babylone* et l'*Homme aux quarante écus* (1768). — Les *Guèbres*, tragédie (1769). — *Épître à Horace* (1772).

1775 — Voltaire affranchit le pays de Gex de la gabelle; grande admiration pour Turgot, dont un édit a permis cette réforme demandée par Voltaire. — *Histoire de Jenni*, conte.

1778 — Il se rend, très malade, à Paris chez le marquis de Villette; c'est un défilé ininterrompu pour voir le patriarche : délégations de l'Académie, de la Comédie-Française, personnalités françaises et étrangères (Franklin). — Première d'*Irène* (16 mars), devant toute la Cour. Directeur de l'Académie, après avoir traversé en carrosse d'azur semé d'étoiles d'or Paris en délire (30 mars), Voltaire est couronné à la Comédie-Française. Le 7 avril, par les bons offices de Condorcet, en présence de Franklin, se déroule son initiation maçonnique. — Mai : révision du procès Lally-Tollendal. — **Mort de Voltaire à Paris, le 30 mai.**

Voltaire avait cinq ans de moins que Montesquieu; treize ans de plus que Buffon; dix-huit ans de plus que J.-J. Rousseau; dix-neuf ans de plus que Diderot.

VOLTAIRE ET SON TEMPS JUSQU'EN 1749

	la vie et l'œuvre de Voltaire	le mouvement intellectuel et artistique	les événements historiques
1694	Naissance à Paris de F. M. Arouet (21 novembre).	Réception de La Bruyère à l'Académie. Réconciliation de Boileau et de Perrault après la querelle des Anciens et des Modernes.	Victoire de Jean Bart sur les Hollandais.
1704	Entrée au collège Louis-le-Grand.	Regnard : les Folies amoureuses. Début de la traduction française des Mille et Une Nuits, par Galland.	
1713	Voyage en Hollande avec le marquis de Châteauneuf.	Destouches : l'Irrésolu. Succès à Londres du Caton d'Addison. Découverte des ruines d'Herculanum. Naissance de Diderot.	Traité d'Utrecht : fin de l'hégémonie française en Europe. Bulle Unigenitus, contre le jansénisme.
1717	Accusé d'avoir écrit des poèmes satiriques contre le Régent, il est incarcéré à la Bastille.	Destouches : l'Envieux. Crébillon père : Sémiramis.	Voyage du tsar Pierre le Grand à Paris. Rapprochement franco-anglais.
1718	Première tragédie : Œdipe.	Traduction française de Mérope, de l'Italien Maffei.	Mort de Charles XII, roi de Suède. La banque de Law devient banque royale.
1723	La Ligue, poème épique. Reçoit une pension du Régent, puis du roi.	Marivaux : la Double Inconstance. J.-B. Rousseau : Odes. Saint-Simon commence la rédaction de ses Mémoires.	Mort du cardinal Dubois (août) et du Régent (décembre).
1726	Suites de la querelle avec le chevalier de Rohan; seconde incarcération. Départ pour l'Angleterre (mai).	Rollin : Traité des études. Ouverture du salon de Mme de Tencin.	Fleury, Premier ministre. Politique pacifique de la France.
1728	La Henriade, version remaniée de la Ligue. Retour en France.	J.-J. Rousseau à Turin. Marivaux : la Seconde Surprise de l'amour.	Avènement de George II en Grande-Bretagne.
1730	Brutus, tragédie.	Marivaux : le Jeu de l'amour et du hasard. Succès des peintres Lancret et Boucher, du musicien F. Couperin.	Début du ministère Walpole en Angleterre. Avènement d'Anna Ivanovna en Russie.
1731	Histoire de Charles XII.	Abbé Prévost : Manon Lescaut. Mort de Daniel Defoe.	Dupleix, gouverneur de Chandernagor.

1732	Zaïre. Initiation à la mathématique, de Newton.	Marivaux : les Serments indiscrets. Destouches : le Glorieux. Abbé Pluche : Spectacle de la nature.	Difficultés diplomatiques, qui vont provoquer la guerre de Succession de Pologne.
1734	Les Lettres philosophiques, publiées et condamnées. Départ pour Cirey chez Mᵐᵉ du Châtelet.	Montesquieu : Considérations sur les causes de la grandeur des Romains et de leur décadence. J.-S. Bach : Oratorio de Noël.	Opérations militaires de la guerre de Succession de Pologne. Victoires françaises à Parme et à Guastalla.
1735	La Mort de César, tragédie.	La Chaussée : le Préjugé à la mode. Marivaux : le Paysan parvenu (roman). Mesure du méridien par La Condamine.	Guerre russo-turque.
1736	L'Enfant prodigue, comédie. Le Mondain.	Le Sage : le Bachelier de Salamanque. Premier séjour de J.-J. Rousseau aux Charmettes chez Mᵐᵉ de Warens.	
1738	Discours en vers sur l'homme.	Deuxième séjour de Rousseau aux Charmettes. Fondation de la manufacture de porcelaine de Vincennes (transférée à Sèvres).	Traité de Vienne, qui conclut la guerre de Succession de Pologne.
1740	Premier voyage à Berlin. Zulime, tragédie.	Marivaux : l'Épreuve. Richardson : Pamela.	Avènement de Frédéric II en Prusse; avènement de l'impératrice Marie-Thérèse. Invasion de la Silésie par Frédéric II.
1742	Mahomet ou le Fanatisme, tragédie.	Arrivée de J.-J. Rousseau à Paris. Abbé Prévost : traduction de Pamela, de Richardson.	Traité de Berlin entre la Prusse et l'Autriche : annexion de la Silésie par Frédéric II.
1743	Mérope, tragédie.	J.-J. Rousseau à Venise.	Mort de Fleury. 2ᵉ pacte de Famille.
1745	Rentrée en grâce. Nommé historiographe du roi. Le Poème de Fontenoy.	Montesquieu : Dialogue de Sylla et d'Eucrate.	Guerre de Succession d'Autriche : victoire française à Fontenoy (11 mai).
1746	Elu à l'Académie française.	Diderot : Pensées philosophiques. Condillac : Essai sur l'origine des connaissances humaines.	Prise de Bruxelles par les Français. Mort de Philippe V d'Espagne. Prise de Madras par La Bourdonnais.
1747	Disgrâce; séjour à Sceaux. Zadig, conte.	Découverte du principe du paratonnerre par Franklin. Fondation de l'Ecole des ponts et chaussées de Paris par Trudaine. Mort de Lesage.	

VOLTAIRE ET SON TEMPS DE 1749 À 1778

	la vie et l'œuvre de Voltaire	le mouvement intellectuel et artistique	les événements historiques
1749	Mort de M᪻ du Châtelet. Retour à Paris.	Diderot : Lettre sur les aveugles; emprisonnement à Vincennes. Buffon : Histoire naturelle (t. I, III); sa Théorie de la terre condamnée par la Sorbonne.	Création de l'impôt du vingtième en France.
1750	Départ pour la Prusse (28 juin).	J.-J. Rousseau : Discours sur les sciences et les arts.	Dupleix obtient le protectorat de Carnatic.
1751	Le Siècle de Louis XIV.	Premier volume de l'Encyclopédie. Polémiques autour du Discours sur les sciences et les arts.	
1752	Micromégas.	Première condamnation de l'Encyclopédie. Construction de la place Stanislas à Nancy.	Kaunitz est nommé chancelier d'Autriche; il pratiquera une politique de rapprochement avec la France.
1753	Brouille avec Frédéric II. Départ de Berlin (mars).	J.-J. Rousseau : le Devin du village. Réception de Buffon à l'Académie française (Discours sur le style).	Affaire des billets de confession. Exil et rappel du parlement de Paris.
1755	Installation aux Délices, sur le territoire de Genève.	J.-J. Rousseau : Discours sur l'inégalité; polémique sur ce discours. Morelly : Code de la nature. Klopstock : le Messie. Mort de Montesquieu.	Tremblement de terre de Lisbonne. Premiers actes d'hostilité de la flotte anglaise contre les bateaux français.
1756	Poème sur le désastre de Lisbonne. Essai sur les mœurs et l'esprit des nations.	J.-J. Rousseau s'installe à l'Ermitage; Lettre à Voltaire sur la Providence (18 août).	Début de la guerre de Sept Ans : prise de Minorque par les Français. Montcalm au Canada.
1758	Achat de la propriété de Ferney.	Diderot : Discours sur la poésie dramatique. Helvétius : De l'esprit. J.-J. Rousseau : Lettre sur les spectacles. Quesnay : Tableau économique.	Choiseul, secrétaire d'Etat aux Affaires étrangères. Les Russes s'emparent de la Prusse orientale.
1759	Candide. Relation de la maladie du jésuite Berthier	Diderot : premier « Salon ». Deuxième condamnation de l'Encyclopédie. Traduction des Saisons, de Thomson. Fondation du British Museum.	Capitulation de Québec; mort de Montcalm.

1760	L'Écossaise, comédie. Tancrède, tragédie. Installation définitive à Ferney.	Palissot : la Comédie des philosophes. Diderot : la Religieuse.	Occupation de Berlin par les Austro-Russes. Occupation de Montréal par les Anglais.
1762	Premiers écrits de Voltaire pour réhabiliter Calas, exécuté en mars.	J.-J. Rousseau : Du contrat social; Émile; condamnation de cet ouvrage par le parlement et l'Église. Gluck : Orphée.	Avènement de Catherine II de Russie; proclamation de la neutralité russe.
1763	Traité sur la tolérance.	Mably : Entretiens de Phocion sur le rapport de la morale avec la politique. Polémique à propos de l'Émile. Mort de Marivaux.	Traités de Paris et d'Hubertsbourg, qui concluent la guerre de Sept Ans.
1764	Dictionnaire philosophique portatif. Édition du théâtre de Corneille. Jeannot et Colin, conte.	J.-J. Rousseau : Lettres écrites de la montagne. Soufflot commence la construction du Panthéon.	Suppression de l'ordre des Jésuites en France. Mort de Mme de Pompadour.
1766	Relation de la mort du chevalier de La Barre.	J.-J. Rousseau en Angleterre. Turgot : Réflexions sur la formation et la distribution des richesses.	Rattachement de la Lorraine à la France. Voyage de Bougainville dans les mers australes.
1767	L'Ingénu, conte.	Beaumarchais : Eugénie, drame bourgeois, avec préface contre la tragédie classique. Expérience de Watt sur la machine à vapeur.	
1768	La Princesse de Babylone. L'Homme aux quarante écus, contes.	J.-J. Rousseau en Dauphiné. Carmontelle : premiers Proverbes dramatiques. Quesnay : la Physiocratie.	Achat de la Corse. Premier voyage de Cook dans les mers australes.
1772	Épître à Horace.	Ducis : Roméo et Juliette, tragédie d'après Shakespeare.	Premier partage de la Pologne. Deuxième voyage de Cook.
1778	Retour à Paris. Représentation d'Irène. Mort le 30 mai.	Mort de J.-J. Rousseau (2 juillet). Diderot : Essai sur les règnes de Claude et de Néron. Buffon : les Époques de la nature.	Alliance entre la France et les États-Unis d'Amérique. Création d'une assemblée provinciale en Berry. Mort du premier Pitt.

BIBLIOGRAPHIE SOMMAIRE

OUVRAGES GÉNÉRAUX SUR VOLTAIRE

Gustave Lanson — *Voltaire* (Paris, Hachette, 1906).

Raymond Naves — *le Goût de Voltaire* (Paris, 1938). — *Voltaire, l'homme et l'œuvre* (Paris, Boivin-Hatier, 1942).

René Pomeau — *Voltaire par lui-même* (Paris, Seuil, 1955). — *La Religion de Voltaire* (Paris, Nizet, 1956). — *Politique de Voltaire* (Paris, A. Colin, 1963).

Jean Orieux — *la Vie de Voltaire* (Paris, 1966). — *Voltaire ou la Royauté de l'esprit* (Paris, Flammarion, 1966).

Henri Bellugou — *Voltaire et Frédéric II au temps de la marquise du Châtelet* (Paris, M. Rivière, 1962; rééd. Champion-Slatkine, 1982).

Jacques Van den Heuvel — *Voltaire dans ses contes* (Paris, A. Colin, 1968).

Marie-Margaret H. Bart — *Quarante Ans d'études voltairiennes. Bibliographie* (Paris, A. Colin, 1968).

SUR « L'INGÉNU »

Voltaire — *l'Ingénu, histoire véritable*. Édition critique véritable publiée par William R. Jones (Genève et Paris, Droz Minard, 1957).

Pierre-Georges Castex — *Voltaire : Micromégas, Candide, l'Ingénu* (Paris, C. D. U.; S. E. D. E. S., 1977; nouv. éd. revue, 1982).

SUR LA LANGUE DE VOLTAIRE

Jean Dubois René Lagane et A. Lerond — *Dictionnaire du français classique* (Paris, Larousse, 1971).

Voltaire — *Correspondance* (notes de l'édition définitive établie par Théodore Bestman, trad. fr. par Frédéric Deloffre, Paris, Gallimard, coll. « la Pléiade », 8 vol. parus, 1983).

MICROMÉGAS
1752

NOTICE

CE QUI SE PASSAIT VERS 1752

■ *EN POLITIQUE. A l'intérieur* : 1750. Dupleix obtient le protectorat de Carnatic. L'influence de Mme de Pompadour est alors prépondérante. Reprise des luttes entre jansénistes et protestants. Machault d'Arnouville est contrôleur général des Finances. Le roi soutient sa politique, mais entre en lutte ouverte avec le parlement. — 1753. Affaire des billets de confession.

A l'extérieur : en Angleterre, William Pitt prépare son alliance avec Frédéric II. En Autriche, Kaunitz est nommé chancelier; il pratiquera une politique de rapprochement avec la France. Les années 1748-1755 marquent une brillante ère de paix mondiale.

■ *EN LITTÉRATURE* : 1749. Buffon : Histoire naturelle (t. Ier, II,III); Diderot : Lettre sur les aveugles; *Condillac* : Traité des systèmes. — 1750. Diderot : prospectus de l'Encyclopédie; *Maupertuis* : Essai des cosmologies; *J.-J. Rousseau* : Discours sur les sciences et les arts. — 1751. D'Alembert : Discours préliminaire de l'« Encyclopédie »; Encyclopédie (t. Ier); *Diderot* : Lettre sur les sourds-muets; *Duclos* : Considérations sur les mœurs. — 1752. Encyclopédie (t. II); *Diderot* : Apologie de l'abbé de Prades; *Maupertuis* : Lettre sur le progrès des sciences; *Fontenelle* : Théorie des tourbillons; *J.-J. Rousseau* : le Devin du village, Narcisse, Lettre sur la musique française; d'Alembert : Éléments de musique suivant les principes de M. Rameau.

■ *DANS LES ARTS* : Gabriel construit l'Ecole militaire. La sculpture est représentée par Bouchardon, Pigalle, Falconet; la peinture par Boucher, Chardin, La Tour, Nattier; la musique française par Rameau, la musique italienne par Pergolèse (mort en 1736), dont la Servante maîtresse, reprise avec succès en 1752, déchaîne la Querelle des « bouffons » et provoque la fameuse lettre de J.-J. Rousseau sur la musique française.

CIRCONSTANCES DE COMPOSITION ET DE PUBLICATION

Seule la date de publication (1752) est certaine : un petit nombre de chercheurs considèrent que cette date coïncide avec celle de la composition : Lanson (*Voltaire*, 1906); Bellessort (*Essai sur Voltaire*, 1925);

Norman Torrey (*Spirit of Voltaire*, 1938). Or, Voltaire lui-même introduit un doute : le 5 juin 1752, il s'adresse au « rédacteur de la bibliothèque impartiale », depuis Potsdam, et voici en quels termes : « ... on vient d'imprimer, je ne sais où, sous le titre de Londres, un certain *Micromégas* : passe que cette ancienne plaisanterie amuse qui voudra s'en amuser... » Ce doute est corroboré par une allusion qui se trouve dans un ouvrage de Clément (*Cinq Années littéraires*, Berlin, 1755) : « Il faut qu'il y ait du temps que cela soit écrit quoique depuis peu imprimé. »

Desnoiresterres, biographe de Voltaire, et Bengesco, son bibliographe, estiment la date de composition très antérieure : ils considèrent un chapitre de *Zadig*, « La femme battue », qui commence ainsi : « Zadig dirigeait sa route sur les étoiles. La constellation d'Orion et le brillant astre de Sirius le guidaient vers le pôle de Canope. Il admirait ces vastes globes de lumière qui ne paraissent que de faibles étincelles à nos yeux, tandis que la Terre, qui n'est en effet qu'un point imperceptible dans la nature, paraît à notre cupidité quelque chose de si grand et de si noble. Il se figurait alors les hommes tels qu'ils sont en effet, des insectes se dévorant les uns les autres sur un petit atome de boue. Cette image vraie semblait anéantir ses malheurs, en lui retraçant le néant de son être et celui de Babylone. Son âme s'élançait jusque dans l'infini, et contemplait, détachée de ses sens, l'ordre immuable de l'univers. » N'y a-t-il pas là, esquissé, le thème fondamental de *Micromégas*? L'argument est d'autant plus convaincant que le secrétaire de Voltaire, Longchamp, affirme que son patron composa *Micromégas* en même temps précisément que *Zadig*. La date retenue serait alors 1747 : c'est l'époque où Mᵐᵉ du Châtelet et Voltaire vinrent en pleine nuit chercher refuge au château d'Anet : « Mᵐᵉ du Châtelet et Voltaire, qui s'étaient annoncés pour aujourd'hui et que l'on avait perdus de vue, parurent hier sur le minuit, comme deux spectres, avec une odeur de corps embaumés qu'ils semblaient avoir apportée de leurs tombeaux. C'étaient pourtant deux spectres affamés : il leur fallut un souper, et, qui plus est, des lits, qui n'étaient pas préparés... Voltaire s'est trouvé bien du gîte. » (Lettre de Mᵐᵉ de Staal de Launay à Mᵐᵉ du Deffand, 14 août 1747.) En même temps que *Memnon*, qui devint *Zadig*, Voltaire aurait composé *Micromégas*. Période d'envoûtement dont Mᵐᵉ du Châtelet écrira : « J'aimais pour deux; je passais ma vie entière avec lui. » Et l'œuvre porte la marque de la prestigieuse physicienne.

Il n'empêche que la date vraisemblable de composition doive être située plus tôt encore : un certain Luchet, dans une *Histoire littéraire de M. de Voltaire* (1780), note que *Micromégas* fut « composé autrefois à Cirey, envoyé alors au Prince royal [Frédéric de Prusse] et retrouvé depuis dans les papiers du Roi ». Surtout, Voltaire lui-même écrivit en juin 1739 à Frédéric : « Je prends la liberté d'adresser à Votre Altesse royale une petite relation, non pas de mon voyage, mais de celui de M. le baron de Gangan. C'est une fadaise philosophique... »

Le doute que laisse planer l'allusion à M. le baron de Gangan disparaît si l'on considère les allusions ironiques à Fontenelle : passé 1739, les deux hommes sont réconciliés, et de nouveaux sarcasmes de Voltaire seraient vraiment peu logiques, d'autant que Fontenelle, à cette date, abandonne le secrétariat de l'Académie; et une lettre datée de Cirey fait foi (14 mai 1738) : « Je n'ai aucune intention de choquer l'auteur des *Mondes*. » *Voyage du baron de Gangan* et *Micromégas*, c'est tout un; date de composition probable : 1739.

CE QUI SE PASSAIT VERS 1739

Le ministère Fleury est marqué par d'incessantes querelles religieuses : affaire des convulsionnaires de Saint-Médard (1731); affaire de la publication clandestine en France des *Lettres sur l'Angleterre*, qui s'est terminée par l'incarcération à la Bastille de l'éditeur rouennais Jore; le pouvoir enrage d'autant plus que l'édition anglaise du même ouvrage a connu un succès sans précédent (cinq tirages en tout fin 1734). Voltaire a dû se réfugier un instant en Lorraine. Puis il s'est fixé auprès de Mme du Châtelet à Cirey : il achève la rédaction d'un mémoire sur la nature du feu et il travaille à un ouvrage de vulgarisation : les *Eléments de la philosophie de Newton*. Les problèmes de philosophie, de physique, d'astronomie intéressent de plus en plus; les publications françaises et étrangères sont nombreuses : *Essai sur l'homme* (Pope, 1733); *Discours sur la figure des astres* (Maupertuis, 1732); *le Spectacle de la nature* (abbé Pluche, 1732); *Systema naturae* (Linné, 1735); *Leçons de physique expérimentale* (abbé Nollet, 1743); *le Newtonianisme pour les dames* (Algarotti, 1733). Les voyages de recherche en vue de mesurer la Terre, entrepris par Maupertuis et de La Condamine, datent de 1736. Sur le plan purement littéraire, c'est l'âge d'or des salons de la duchesse du Maine, de la marquise de Lambert, de Mme de Tencin. Le club de l'Entresol est fermé depuis 1731. *La Vie de Marianne* de Marivaux connaît une grande vogue; le tome VII des *Mémoires d'un homme de qualité* de l'abbé Prévost, publié à part sous le titre de l'*Histoire du chevalier des Grieux et de Manon Lescaut*, obtient un grand succès : par deux fois (octobre 1733; juillet 1735), il est saisi par autorité de justice (et le roman ne comporte pas encore l'épisode du prince italien!); l'ouvrage est l'objet de nombreux éloges, notamment de la part de Mathieu Marais et de Voltaire : « tendre et passionné », écrit ce dernier (*Lettre à Thiériot*, juillet 1733).

ANALYSE DU CONTE

Micromégas, originaire d'une planète gravitant autour de l'étoile Sirius, parvient, contraint à l'exil, sur le globe de Saturne (chap. I); — ce qui amène une conversation de style satirique entre l'habitant de Sirius et celui de Saturne (chap. II); — après un intermède larmoyant (le Saturnien quitte sa maîtresse), les deux philosophes partent à l'aventure : ils sautent sur l'anneau, puis sur une lune, puis sur une autre, atteignent les satellites de Jupiter, côtoient Mars, trouvent une aurore boréale, débarquent à Terre sur les bords de la Baltique (chap. III); — ils partent en reconnaissance, découvrent la Méditerranée, le Grand Océan et l'existence de l'humanité (chap. IV et V); — il s'ensuit des discussions sur la relativité, où l'on évoque la genèse du langage, le problème de la guerre, celui du poids de l'air, etc.

UNE ŒUVRE D'ACTUALITÉ

Un fait divers avait amusé Voltaire : la mission Maupertuis. Les rapports entre les deux hommes étaient cordiaux : Maupertuis avait bien voulu se charger de revoir un certain nombre de passages des *Lettres philosophiques* consacrés à Locke et à la science anglaise; il allait bientôt donner des leçons de mathématiques à Mme du Châtelet; par deux fois on allait le recevoir à Cirey. On eût bien étonné la société mondaine du XVIIIe siècle si l'on avait prédit la querelle homérique qui devait égayer la cour de Frédéric II. L'analogie entre le bateau immobilisé par Micromégas et l'immobilisation du navire de l'expédition dans le golfe de Botnie est évidente; la discussion entre les six philosophes fait songer aux six membres de la mission; surtout le détail des Lapones avait joyeusement défrayé la chronique.

Plus profondément, Voltaire transpose des thèmes de discussions philosophiques : ainsi on avait songé à évaluer la stature des habitants de Jupiter par référence au géant Og de la Bible. Voltaire et le groupe de Cirey s'étaient gaussés. Le 10 août 1741, notre philosophe écrivait à Maupertuis : « Il y avait longtemps que j'avais vu avec une stupeur de monade quelle taille ce bavard germanique [il s'agit du philosophe allemand Wolff] assigne aux habitants de Jupiter. Il en jugeait par la grandeur de nos yeux et par l'éloignement de la Terre au Soleil... » De fait, Wolff avait fait paraître à Genève un ouvrage en six volumes, *Elementa matheseos universae* (1735), dont voici un passage : *Et sane non desunt mihi rationes quae suadent Jovicolas statura aequales esse Ogi Regi, cujus lectus ferreus, Mose auctore, habuit longitudinem novem, altitudinem quatuor cubitorum* (Deutéronome, III, 2). Et Mme de Graffigny, qui, dans les premiers mois de 1739, séjourna à Cirey, raconte à son ami Devaux : « ... ce matin la dame de céans a lu un calcul géométrique d'un rêveur anglais qui prétend démontrer que les habitants de Jupiter sont de la même taille qu'était le roi Og, dont l'Écriture parle. » (Il est probable que Mme de Graffigny commet une erreur en écrivant « anglais ».) Voltaire part en se moquant sur cet absurde raisonnement par analogie; et il fixe avec précision les tailles respectives de l'habitant de Saturne et de celui de Sirius.

De même, Fontenelle avait inséré dans son *Eloge des académiciens* une notice sur Hartsoëker, savant hollandais qui, avec Leeuwenhoek, avait fait progresser la connaissance de l'infiniment petit. Les deux savants sont morts en 1725 et en 1723, mais leurs travaux, traduits en français, font l'objet de commentaires et de vulgarisations dans les cercles philosophiques. L'allusion ne manque pas dans *Micromégas* (chap. V). Il est d'ailleurs remarquable que, sur ce point de l'infiniment petit, Voltaire ne reprend rien ni dans l'œuvre de Pascal ni dans celle de Malebranche. Le problème des mondes habités est lui aussi d'actualité : sans doute les Anciens s'étaient-ils interrogés sur la pluralité des mondes; sans doute au Moyen Age les théologiens avaient-ils agité la question (par exemple Nicolas de Kues dans un traité *De docta ignorantia*, 1440); Montaigne y avait réfléchi (« Que savons-nous si les principes et les règles de celui-ci touchent pareillement les autres? »); Galilée (« Si la question m'est posée, je ne répondrai ni oui ni non », *Lettre au prince Cesi*, 25 janvier 1613); mais, à la fin du XVIIᵉ siècle, la vulgarisation commence : les entretiens sur la pluralité des mondes connaissent une large diffusion : Fontenelle s'interroge sur les différences possibles entre les habitants de la Lune, de Saturne, de la Terre. Sous le rapport des sens en particulier : « ... dans le partage que nous avons fait avec les habitants des autres planètes, il ne nous en est échu que cinq, dont nous nous contentons, faute d'en connaître d'autres. » Cette discussion figure aussi dans *Micromégas*. Et, au moment où Voltaire écrit, il vient de paraître une traduction d'un travail posthume de Huygens, le *Cosmotheoros*. Le titre de la version française est le suivant : *Nouveau traité de la pluralité des mondes*, où l'on prouve par des raisons philosophiques que toutes les planètes sont habitées et cultivées comme notre Terre : la conclusion relativiste annonce à certains égards celle de Voltaire.

UN CONTE FANTAISISTE DONT L'IDÉE RAPPELLE LES « GULLIVER'S TRAVELS »

Voltaire admirait Swift, comme il admirait tous les écrivains satiriques. Quelques détails prouvent une lecture attentive des *Voyages de Gulliver* : par exemple, Gulliver marchant à travers les mers de Lilliput a de l'eau un peu plus haut que le genou; les habitants, pour mesurer la taille de leur prisonnier, utilisent des instruments analogues aux « quarts de cercle » dont se servent les géomètres à bord du bateau soulevé par Micromégas; le Sirien, lorsqu'on lui enfonce dans l'index un bâton ferré, éprouve le même picotement que Gulliver; le roi du pays des Géants saisit Gulliver comme le Sirien les membres de l'expédition; les deux satellites de Mars découverts par les savants de Laputa font songer aux deux lunes qui servent à cette planète. Cette fantaisie réaliste a plu à Voltaire, qui s'en souvient.

Il existait d'ailleurs en France une tradition de voyages imaginaires. Bien entendu, Voltaire connaissait *Gargantua* : d'abord hostile à Rabelais, il en était venu à l'admirer, notamment à cause de sa position indépendante à l'égard de l'Église et du clergé; et n'appelait-il pas Swift « le Rabelais de l'Angleterre »? Surtout l'*Histoire comique des*

Etats et Empires de la Lune de Cyrano, ouvrage écrit afin d'humilier « l'orgueil insupportable des humains qui leur persuade que la nature n'a été faite que pour eux », ne pouvait être inconnu de Voltaire; et il paraît s'en être servi : la longévité des habitants de la Lune, les questions qu'ils posent sur l'âme, sur la philosophie, sur la guerre sont assez semblables au dialogue entre les deux voyageurs et les passagers du bateau.

DE « MICROMÉGAS » À « L'INGÉNU »

DE L'OPTIMISME À L'INQUIÉTUDE

Au moment où Voltaire compose *Micromégas*, il est heureux; les principes que Mme du Châtelet développe dans ses *Réflexions sur le bonheur* (1740) sont un peu ceux de notre philosophe : pour être heureux, il faut se défaire des préjugés, « se bien porter, avoir des goûts et des passions, être susceptible d'illusion »; d'autre part, « nous n'avons rien à faire en ce monde, qu'à nous y procurer des sensations et des sentiments agréables », « décidons-nous sur la route que nous devons prendre pour passer notre vie, et tâchons de la semer de fleurs ». L'étude est « de toutes les passions celle qui contribue le plus à notre bonheur ». Mme du Châtelet esquisse même un portrait du couple idéal, dont peut-être Voltaire se souviendra lorsqu'il évoquera longuement les amours de la belle Saint-Yves et de l'Ingénu : « deux personnes qui seraient faites à tel point l'une pour l'autre qu'elles ne connussent jamais la satiété ni le refroidissement »; « un cœur capable d'un tel amour, une âme si tendre et si ferme, semble avoir épuisé le pouvoir de la Divinité; il en naît une en un siècle; il semble qu'en produire deux soit au-dessus de ses forces, ou que, si elle les avait produites, elle serait jalouse de leurs plaisirs si elles se rencontraient »; « une âme sensible et tendre est heureuse par le seul plaisir qu'elle trouve à aimer ». Voltaire est adulé : « une créature si aimable en tout point », écrit de lui Mme du Châtelet; « le plus bel ornement de la France »; « ses lauriers le suivent partout »; en 1743 encore, la première représentation de *Mérope* est un triomphe : « M. de Voltaire, qui parut après la pièce dans une première loge, fut claqué personnellement pendant un quart d'heure tant par le théâtre que par le parterre; on n'a jamais vu rendre à aucun auteur des honneurs aussi marqués » (extrait du *Journal* de l'avocat Barbier). La belle marquise ne lui fait pas oublier Mme d'Étioles (qui deviendra Mme de Pompadour); aux noces du Dauphin, il fait jouer sa comédie-ballet *la Princesse de Navarre*; son *Poème de Fontenoy* achève de le bien mettre en cour; et Benoît XIV, à l'occasion de la dédicace de *Mahomet*, envoie « à son très cher fils sa bénédiction ». Le 8 mai 1746, Voltaire entre à l'Académie française.

Peu à peu le ciel s'obscurcit : contre le philosophe circule un *Voltairiana;* un propos imprudent au jeu de la reine, formulé en anglais et concernant un partenaire de Mme du Châtelet, l'oblige à se cacher, et, dans le même temps, il a la preuve de l'infidélité de la marquise; des cabales se montent contre lui, que, déguisé en abbé, avec perruque énorme et besicles gigantesques, il épie, retiré dans un angle du café Procope, durant les répétitions de la Comédie-Française. La mort de Mme du Châtelet le plonge dans un incroyable désarroi : « Je n'ai point perdu une maîtresse, écrit-il en septembre 1749 à d'Argenson, j'ai perdu la moitié de moi-même, une âme pour qui la mienne était faite, une amie de vingt ans que j'avais vue naître. » Il y eut ensuite le séjour en Prusse, ses enthousiasmes et ses déceptions; les tracas qui accompagnèrent les éditions successives du *Siècle de Louis XIV;* du supplément au *Siècle de Louis XIV;* une querelle spectaculaire avec Maupertuis, d'où sortit la *Diatribe du docteur Akakia;* et la manière de Voltaire auteur romanesque se durcit; successivement il compose le *Crocheteur borgne, Cosi sancta, Zadig,* dont le héros traverse de multiples épreuves et pose le problème de l'existence du mal : l'ermite enseigne à Zadig qu'il n'y a pas deux feuilles d'arbre semblables sur la terre, que la vie nous expose aux vicissitudes les plus diverses, mais que cette diversité se résout en l'unité divine; qu'ainsi le mal s'explique; que Dieu n'en est pas moins justifié. Zadig se soumet, tout en multipliant les objections; Voltaire ne croit plus en la Providence. Mais la « lutte philosophique » passionne Voltaire de plus en plus : l'article « Genève » de l'*Encyclopédie,* le *Poème sur le désastre de Lisbonne,* des ouvertures de paix transmises à Voltaire par la margrave de Bayreuth et d'obscures négociations conduites à Genève chez les Tronchin font un instant de notre philosophe le point de mire : attaques et déceptions de toutes sortes, terribles duels judiciaires rendent Voltaire plus intraitable que jamais; c'est pourquoi *Candide* (1759) marque un tournant dans les publications romanesques : à J.-J. Rousseau qui lui écrivait à propos de la Providence « Je la sens, je la vois, je la veux, je l'espère », à la duchesse de Saxe-Gotha qui, en 1757, avait maintenu, du fond de son territoire en partie envahi, « Une chose peut être mauvaise à certains égards et être bonne dans son ensemble... Je hais la guerre un peu plus encore que de coutume et n'admire pas moins les décrets divins de cette sage et bonne Providence », Voltaire riposte, et il est dur pour l'optimisme leibnizien. Son ironie se fait mordante; à la duchesse il répond : « Cela ne va pas mal, et avec le temps l'optimisme sera démontré. » Le philosophe de *Candide* vit de terribles moments, comme la duchesse, d'affreux épisodes de guerre; son refrain sinistre « tout est pour le mieux » est d'une ironie plus cinglante encore que la lettre à la duchesse ou les reparties à Rousseau.

Encore dans le même temps Voltaire cherchait-il quelque apaisement en « cultivant » son cher Ferney : « Je demandais à tous les Allemands qui venaient dans nos montagnes si les armées n'avaient point passé sur votre territoire. J'ai dit cent fois malheureux Leipzick! malheureux Dresde! Mais que je ne dise jamais malheureux Gotha! Les succès ont donc été balancés l'année 1758 et le seront probablement encore l'année prochaine, et l'année d'après; et Dieu sait quand les malheurs du genre humain finiront! Plus je vois ces horreurs plus je m'enfonce dans la retraite. J'appuie ma gauche au mont Jura, ma droite aux Alpes, et j'ai le lac de Genève au-devant de mon camp, un beau château sur les limites de la France, l'ermitage des Délices au territoire de Genève, une bonne maison à Lausanne; rampant ainsi d'une tanière dans l'autre, je me sauve des rois et des armées... » (*Lettre à la duchesse de Saxe-Gotha*, novembre 1758). Et la retraite est studieuse : « Je prends donc mon parti de planter, de bâtir, de commenter Corneille, et de tâcher de l'imiter de loin, le tout pour éviter l'oisiveté. » Il croit trouver ainsi l'« oubli d'un monde pervers et frivole ». A l'époque de *Candide*, Voltaire n'est pas complètement engagé.

Ce n'est plus le cas huit ans plus tard; lorsque Voltaire commence à écrire *l'Ingénu*, il est en pleine tourmente : un arrêt du parlement de Paris a condamné l'*Encyclopédie* et le *Poème sur la loi naturelle*. L'*Année littéraire*, sous la plume de Fréron, multiplie les attaques; Palissot a fait jouer *les Philosophes*, et Voltaire a constaté avec tristesse que Mme du Deffand, sa « belle marquise », restait indifférente. Il devient violemment antijésuite, ne se tenant pas pour satisfait par la dissolution de l'ordre en vertu d'un édit royal (1764). Il encourage une publication incendiaire de d'Alembert (*Sur la destruction des jésuites*, 1764); il attaque le fanatisme sous toutes ses formes (affaires Calas, Sirven, de La Barre); il publie le *Traité sur la tolérance* (1763), le *Dictionnaire philosophique* (1764), les *Questions sur les miracles* (1765). *L'Ingénu* est une bombe de plus : sa composition date de l'hiver 1766-1767; l'ouvrage est imprimé en juillet, publié en août à Genève, puis à Paris, sous l'anonymat; l'édition parisienne est immédiatement retirée de la vente sur ordre de la police. Voltaire nie énergiquement être l'auteur.

Quelle différence avec les circonstances de composition, la publication tardive et les fines railleries de *Micromégas*! Entre les deux contes, il y a toute la différence qui sépare un divertissement facétieux et un pamphlet politique.

MICROMÉGAS
Histoire philosophique
1752

CHAPITRE PREMIER

Voyage d'un habitant du monde de l'étoile Sirius[1] dans la planète de Saturne[2].

Dans une de ces planètes qui tournent autour de l'étoile nommée Sirius il y avait un jeune homme de beaucoup d'esprit que j'ai eu l'honneur de connaître dans le dernier voyage qu'il fit sur notre petite fourmilière; il s'appelait Micromégas[3], nom qui convient fort à tous les grands. Il avait huit lieues de haut : j'entends par huit lieues, vingt-quatre mille pas géométriques[4] de cinq pieds chacun. (1)

1. *Sirius* est une étoile de première grandeur qui fait partie de la constellation du Grand Chien. Autour d'elle gravitent des planètes; Voltaire imagine que Micromégas habite une de ces planètes; 2. *Saturne* est après Jupiter la plus grosse des planètes de notre système. Huyghens (mort en 1695) a fait des recherches sur la nature de l'anneau plat de Saturne (voir l'allusion qui figure dans *les Femmes savantes*, tirade de Chrysale). Ces recherches sont encore un peu d'actualité au moment où Voltaire compose *Micromégas*; 3. Voltaire, qui connaît bien *l'Histoire véritable* de Lucien, forge ce nom propre, à la manière de cet écrivain grec, à l'aide de deux adjectifs : *mikros*, qui signifie « petit », et *megas*, qui signifie « grand »; 4. *Le pas géométrique* mesure 5 pieds, soit 1,62 mètre; le pied, ou pied de roi, mesure 12 pouces, soit 0,324 mètre; la lieue correspond à un peu plus de 4 kilomètres, mais sa longueur varie légèrement d'une province à l'autre. Ici elle vaut 4 860 mètres.

--- **QUESTIONS** ---

1. Le nom propre *Micromégas* n'est pas seulement un pastiche de la manière de Lucien, il suggère un thème philosophique qui va dominer l'ensemble du conte : définir brièvement cette doctrine. — Pourquoi tant de précisions dont beaucoup sont absurdes? S'agit-il de créer une impression de vraisemblance? Ou bien l'auteur cherche-t-il seulement à divertir? — En même temps, Voltaire a une intention satirique; il veut tourner en dérision une idée qui était dans l'air et dont Wolff s'était préoccupé (nous avons sur ce point au moins une lettre de Mme de Graffigny) : déterminer les mensurations des habitants de Jupiter par référence au géant Og de la Bible. Montrez comment l'auteur institue ici une caricature de raisonnement analogique. — Tout cela n'en recouvre pas moins une idée philosophique chère à Voltaire : la « relativité universelle ». Montrez-le.

Quelques géomètres, gens toujours utiles au public, prendront sur-le-champ la plume, et trouveront que, puisque M. Micromégas, habitant du pays de Sirius, a de la tête aux pieds vingt-quatre mille pas, qui font cent vingt mille pieds de roi, et que nous autres, citoyens de la terre, nous n'avons guère que cinq pieds, et que notre globe a neuf mille lieues de tour; ils trouveront, dis-je, qu'il faut absolument que le globe qui l'a produit ait au juste vingt et un millions six cent mille fois plus de circonférence que notre petite terre. Rien n'est plus simple et plus ordinaire dans la nature. Les États de quelques souverains d'Allemagne ou d'Italie[1], dont on peut faire le tour en une demi-heure, comparés à l'empire de Turquie, de Moscovie ou de la Chine, ne sont qu'une très faible image des prodigieuses différences que la nature a mises dans tous les êtres.

La taille de Son Excellence étant de la hauteur que j'ai dite, tous nos sculpteurs et tous nos peintres conviendront sans peine que sa ceinture peut avoir cinquante mille pieds de roi de tour; ce qui fait une très jolie proportion.

Quant à son esprit, c'est un des plus cultivés que nous ayons; il sait beaucoup de choses; il en a inventé quelques-unes : il n'avait pas encore deux cent cinquante ans, et il étudiait, selon la coutume, au collège des jésuites[2] de sa planète, lorsqu'il devina, par la force de son esprit, plus de cinquante propositions d'Euclide. C'est dix-huit de plus que Blaise Pascal, lequel, après en avoir deviné trente-deux en se jouant, à ce que dit sa sœur, devint depuis un géomètre assez médiocre[3], et un fort mauvais métaphysicien. (2)

---

1. Les contemporains se moquaient volontiers des souverains d'Allemagne et d'Italie, dont les territoires étaient minuscules. Voltaire affectionnait ce genre de railleries : voir *Candide*, la Xe *Lettre philosophique*, etc.; 2. Var: « au collège le célèbre de sa planète » (premières éditions). La correction montre la volonté de Voltaire de stigmatiser l'impérialisme des jésuites (voir encore *Candide*); 3. Voltaire s'acharnera toujours contre Pascal : voir la XXVe *Lettre philosophique*.

■ QUESTIONS

2. Après *très jolie proportion*, on lisait dans la première édition : « Son nez étant le tiers de son visage, et son beau visage étant la septième partie de la hauteur de son beau corps, il faut avouer que le nez du Sirien a six mille trois cent trente trois pieds de roi, plus une fraction, ce qui était à démontrer. » Pourquoi Voltaire a-t-il retranché cette phrase? — L'anecdote de la découverte par Pascal, âgé de douze ans, des trente-deux premières propositions d'Euclide figure bien dans la *Vie de Blaise Pascal* par Gilberte Périer. Tallemant des Réaux avait fait quelques réserves. Comment Voltaire s'y prend-il ici pour insinuer le doute?

L'astronomie, prétexte à découvertes scientifiques
et aux spéculations métaphysiques.

Planche extraite de l'*Harmonia macrocosmica* de Cellarius.

Vers les quatre cent cinquante ans au sortir de l'enfance, il disséqua beaucoup de ces petits insectes qui n'ont pas cent pieds de diamètre, et qui se dérobent aux microscopes ordinaires; il en composa un livre fort curieux, mais qui lui fit quelques affaires (3). Le muphti[1] de son pays, grand vétillard[2], et fort ignorant, trouve dans son livre des propositions suspectes, malsonnantes, téméraires, hérétiques, sentant l'hérésie, et le poursuivit vivement : il s'agissait de savoir si la forme substantielle[3] des puces de Sirius était de même nature que celle des colimaçons. Micromégas se défendit avec esprit; il mit les femmes de son côté; le procès dura deux cent vingt ans. Enfin le muphti fit condamner le livre par des jurisconsultes qui ne l'avaient pas lu, et l'auteur eut ordre de ne paraître à la cour de huit cents années. (4)

Il ne fut que médiocrement affligé d'être banni d'une cour qui n'était remplie que de tracasseries et de petitesses[4]. Il fit

---

1. Le *muphti* ou *mufti* est un membre du clergé musulman chargé du maintien de la loi religieuse. Il tranche les questions concernant la religion islamique, c'est-à-dire presque tous les problèmes importants, puisque le Coran est un code civil en même temps qu'un livre saint. Les muftis sont de droit juges dans le tribunal des cadis. Ils portent le turban blanc; 2. *Vétillard* : qui s'occupe de vétilles, c'est-à-dire de bagatelles (*vétille* vient de l'espagnol *vetilla*, « petite raie »); 3. Voltaire emploie à dessein un terme de la philosophie scolastique; 4. Peut-être allusion au séjour à Berlin; probablement aussi à l'incident de 1747 : chez la reine à Fontainebleau, jouant aux cartes en compagnie de Mme du Châtelet, Voltaire avait averti cette dernière en anglais que leurs partenaires trichaient. Le propos fut compris, enregistré, et Voltaire courut en pleine nuit se réfugier au château de Sceaux..., où il écrivit *Zadig*.

--- **QUESTIONS** ---

3. Voltaire et les sciences de la nature : actualité du thème. Rapprochements avec *Zadig* (chap. III). Les progrès de l'optique avaient développé les recherches dans le domaine des sciences naturelles. Voici quelques titres : Réaumur, *Mémoires pour servir à l'histoire des insectes* (1735); Linné, *Fondements botaniques* (1737); La Mettrie, *l'Homme-plante* (1748); Linné, *Philosophie botanique* (1751); abbé Pluche, *le Spectacle de la nature* (1732); les trois premiers volumes de l'*Histoire naturelle* de Buffon datent de 1749. On découvre l'extrême complexité de l'organisation des insectes.

4. Science et métaphysique. Rapprochez ce passage de *Zadig* (chap. IV, « l'Envieux »). S'agit-il seulement d'une haine personnelle entre Voltaire et Boyer? Pourquoi cette intervention du mufti? Une note de l'édition de Kehl nous l'explique : « M. de Voltaire avait été persécuté par le théatin Boyer pour avoir dit dans ses *Lettres philosophiques* que les facultés de notre âme se développent en même temps que nos organes, de la même manière que les facultés de l'âme des animaux. » Il y a probablement aussi allusion à la condamnation des *Lettres philosophiques* par l'archevêque de Paris.

une chanson fort plaisante contre le muphti, dont celui-ci ne s'embarrassa guère; et il se mit à voyager de planète en planète pour achever de se former *l'esprit et le cœur*[1], comme on dit. Ceux qui ne voyagent qu'en chaise de poste ou en berline seront sans doute étonnés des équipages de là-haut; car nous autres, sur notre petit tas de boue, nous ne concevons rien au-delà de nos usages. Notre voyageur connaissait merveilleusement les lois de la gravitation, et toutes les forces attractives et répulsives[2]. Il s'en servait si à propos que, tantôt à l'aide d'un rayon de soleil, tantôt par la commodité d'une comète, il allait de globe en globe, lui et les siens, comme un oiseau voltige de branche en branche. Il parcourut la voie lactée en peu de temps, et je suis obligé d'avouer qu'il ne vit jamais, à travers les étoiles dont elle est semée, ce beau ciel empyrée que l'illustre vicaire Derham[3] se vante d'avoir vu au bout de sa lunette. Ce n'est pas que je prétende que M. Derham ait mal vu, à Dieu ne plaise! mais Micromégas était sur les lieux, c'est un bon observateur et je ne veux contredire personne. **(5)**

Micromégas, après avoir bien tourné, arriva dans le globe de Saturne. Quelque accoutumé qu'il fût à voir des choses nouvelles, il ne put d'abord, en voyant la petitesse du globe et de ses habitants, se défendre de ce sourire de supériorité qui échappe quelquefois aux plus sages; car enfin Saturne n'est guère que neuf cent fois plus gros que la terre, et les citoyens de ce pays-là sont des nains qui n'ont que mille toises[4] de haut ou environ. Il s'en moqua un peu d'abord

---

1. Voltaire se moque du titre d'un ouvrage de Rollin : *De la manière d'enseigner les belles-lettres par rapport à l'esprit et au cœur* (1726-1728); **2.** A rapprocher d'un poème dédié à Mme du Châtelet (1736) :

Le compas de Newton mesurant l'univers,
Lève enfin ce grand voile et les cieux sont ouverts...;

3. *Derham* : savant anglais mort en 1735. Il avait composé notamment une *Théologie astronomique* et une *Théologie physique* (1726) : de l'étude des merveilles de la nature il déduisait une preuve de l'existence de Dieu; **4.** La *toise* valait 1,949 mètre.

QUESTIONS

5. Le thème du voyage merveilleux : il connaissait une vogue de plus en plus grande depuis le XVIIe siècle; montrez comment Voltaire le renouvelle. — En quoi cette page révèle-t-elle une connaissance exacte par Voltaire des théories de Newton? Montrez comment Voltaire unit heureusement le fantastique et le scientifique. — Cette page contient une allusion à la liberté de la presse : relevez-la.

avec ses gens, à peu près comme un musicien italien se met à rire de la musique de Lulli, quand il vient en France[1] (6). Mais, comme le Sirien avait un bon esprit, il comprit bien vite qu'un être pensant peut fort bien n'être pas ridicule pour n'avoir que six mille pieds de haut. Il se familiarisa avec les Saturniens, après les avoir étonnés. Il lia une étroite amitié avec le secrétaire de l'académie de Saturne[2], homme de beaucoup d'esprit, qui n'avait, à la vérité, rien inventé, mais qui rendait un fort bon compte des inventions des autres, et qui faisait passablement de petits vers et de grands calculs. Je rapporterai ici, pour la satisfaction des lecteurs, une conversation singulière que Micromégas eut un jour avec M. le secrétaire. (7) (8)

CHAPITRE II

Conversation de l'habitant de Sirius avec celui de Saturne.

Après que Son Excellence se fut couchée, et que le secrétaire se fut approché de son visage : « Il faut avouer, dit Micromégas, que la nature est bien variée. — Oui, dit le Saturnien,

---

1. Allusion à la Querelle des « bouffons », qui battait son plein alors; 2. Allusion à Fontenelle.

QUESTIONS

---

6. A ce moment la Querelle des « bouffons » divise le monde musical en France : aux partisans de la musique française (Lulli, Rameau) s'opposent les tenants de la musique italienne (Pergolèse et l'opéra bouffe). La *Lettre sur la musique française* de J.-J. Rousseau est de 1752. Voltaire est partisan de la tradition de Lulli. Rapprochez du *Neveu de Rameau* de Diderot : qui ce dernier favorise-t-il? Précisez ses arguments; montrez la conformité de ce goût avec l'état d'esprit et de sensibilité des philosophes. Comment s'explique l'attitude de Voltaire?

7. Fontenelle, secrétaire perpétuel de l'Académie des sciences, avait, en 1738, pris parti pour Maupertuis contre Voltaire et König dans une bruyante querelle. En 1752, il met précisément la dernière main à son *Histoire des tourbillons cartésiens*. Montrez la précision hostile du portrait. Analysez comment l'avant-dernière phrase rend compte de la tournure d'esprit et de l'œuvre de Fontenelle.

8. SUR L'ENSEMBLE DU CHAPITRE PREMIER. — Relevez les différents thèmes abordés; Voltaire les traite-t-il à fond? Pourquoi? Par quels procédés donne-t-il son opinion?

— La notion de relativité apparaît-elle déjà? Comment? Soulignez l'alliance de rigueur scientifique et de fantaisie dans les indications chiffrées.

— L'esprit de Voltaire d'après ce chapitre.

Charles Rollin, l'auteur du *Traité des études,*
dont Voltaire raille la prétention à former « l'esprit et le cœur ».

la nature est comme un parterre dont les fleurs... — Ah! dit l'autre, laissez-là votre parterre. — Elle est, reprit le secrétaire, comme une assemblée de blondes et de brunes, dont les parures... — Eh! qu'ai-je à faire de vos brunes, dit l'autre. — Elle est donc comme une galerie de peintures dont les traits... — Eh non! dit le voyageur, encore une fois la nature est comme la nature. Pourquoi lui chercher des comparaisons? — Pour vous plaire, répondit le secrétaire. — Je ne veux point qu'on me plaise, répondit le voyageur; je veux qu'on m'instruise (1); commencez d'abord par me dire combien les hommes de votre globe ont de sens[1]. — Nous en avons soixante et douze, dit l'académicien, et nous nous plaignons tous les jours du peu. Notre imagination va au-delà de nos besoins; nous trouvons qu'avec nos soixante et douze sens, notre anneau, nos cinq lunes[2], nous sommes trop bornés, et, malgré toute notre curiosité et le nombre assez grand de passions qui résultent de nos soixante et douze sens, nous avons tout le temps de nous ennuyer. — Je le crois bien, dit Micromégas; car dans notre globe, nous avons près de mille sens; et il nous reste encore je ne sais quel désir vague, je ne sais quelle inquiétude[3]

---

1. L'idée se trouve au IIIe *Entretien* de Fontenelle : celui-ci y affirme qu'on ne peut exclure l'hypothèse d'un sixième sens, qui se serait développé en un monde autre que celui que nous habitons, et qui suppléerait à l'absence éventuelle d'un des cinq sens. Voltaire avait déjà repris cette idée à son compte dans les *Lettres philosophiques* ; 2. Du temps de Voltaire, on ne connaissait que cinq satellites de Saturne. Herschel, en 1789, en découvrit deux autres; 3. Il s'agit de l'*uneasiness*, de l'incommodité qui naît de l'absence de quelque chose, et que Locke place à l'origine de toute action. Le propre de tout être est d'aspirer toujours à mieux; l'insatisfaction est une tendance fondamentale. La morale consiste à établir un équilibre entre notre désir et notre nature. C'est le relativisme moral, qui prolonge le relativisme physique.

——— QUESTIONS ———

1. Jusqu'à ... *je veux qu'on m'instruise*, Voltaire parodie le style précieux et fleuri de Fontenelle. Vous relèverez les procédés de style que Voltaire réprouvait chez Fontenelle. Pourquoi Voltaire est-il passionnément opposé au « raisonnement par métaphores »? Est-ce aversion pour une certaine préciosité, ou esprit philosophique? Citez d'autres penseurs du XVIIIe siècle chez qui se manifeste la même opposition. — Entre Fontenelle, vulgarisateur s'adressant à une marquise imaginaire, et Voltaire vulgarisant la philosophie anglaise ou allemande et s'adressant à Mme du Deffand par exemple, n'y a-t-il aucune analogie? Les traits satiriques qui apparaissent dans *Micromégas* sont-ils graves? Tiennent-ils à une antinomie profonde de tempéraments?

qui nous avertit sans cesse que nous sommes peu de chose, et qu'il y a des êtres beaucoup plus parfaits. J'ai un peu voyagé; j'ai vu des mortels fort au-dessous de nous; j'en ai vu de fort supérieurs; mais je n'en ai vu aucuns qui n'aient plus de désirs que de vrais besoins, et plus de besoins que de satisfaction. J'arriverai peut-être un jour au pays où il ne manque rien; mais jusqu'à présent personne ne m'a donné de nouvelles positives de ce pays-là. » Le Saturnien et le Sirien s'épuisèrent alors en conjectures; mais, après beaucoup de raisonnements fort ingénieux et fort incertains, il en fallut revenir aux faits. (2) « Combien de temps vivez-vous? dit le Sirien. — Ah! bien peu, répliqua le petit homme de Saturne. — C'est tout comme chez nous, dit le Sirien : nous nous plaignons toujours du peu. Il faut que ce soit une loi universelle de la nature. — Hélas! nous ne vivons, dit le Saturnien, que cinq cents grandes révolutions du soleil. (Cela revient à quinze mille ans ou environ, à compter à notre manière.) Vous voyez bien que c'est mourir presque au moment que l'on est né; notre existence est un point, notre durée un instant, notre globe un atome. A peine a-t-on commencé à s'instruire un peu que la mort arrive avant qu'on ait de l'expérience. Pour moi, je n'ose faire aucuns projets; je me trouve comme une goutte d'eau dans un océan immense. Je suis honteux, surtout devant vous, de la figure ridicule que je fais dans ce monde. »

Micromégas lui repartit : « Si vous n'étiez pas philosophe, je craindrais de vous affliger en vous apprenant que notre vie est sept cents fois plus longue que la vôtre; mais vous savez trop bien que quand il faut rendre son corps aux éléments, et ranimer la nature sous une autre forme, ce qui s'appelle mourir; quand ce moment de métamorphose est venu, avoir vécu une éternité, ou avoir vécu un jour, c'est précisément la même chose. J'ai été dans des pays où l'on vit mille fois plus longtemps que chez moi, et j'ai trouvé qu'on y murmurait encore. Mais il y a partout des gens de bon sens qui savent prendre leur parti et remercier l'auteur de la nature. Il a répandu sur cet univers une profusion de variétés avec une

---

QUESTIONS

2. En quel sens la dernière ligne révèle-t-elle un esprit « philosophique »? Précisez la leçon qui se dégage déjà de cette conversation : modestie; importance et valeur de la recherche scientifique. L'imperfection paraît-elle être un désavantage?

espèce d'uniformité admirable. Par exemple, tous les êtres pensants sont différents, et tous se ressemblent au fond par le don de la pensée et des désirs (3). La matière est partout étendue; mais elle a dans chaque globe des propriétés diverses. Combien comptez-vous de ces propriétés diverses dans votre matière? — Si vous parlez de ces propriétés, dit le Saturnien, sans lesquelles nous croyons que ce globe ne pourrait subsister tel qu'il est, nous en comptons trois cents, comme l'étendue, l'impénétrabilité, la mobilité, la gravitation, la divisibilité et le reste. — Apparemment, répliqua le voyageur, que ce petit nombre suffit aux vues que le Créateur avait sur votre petite habitation. J'admire en tout sa sagesse; je vois partout des différences, mais aussi partout des proportions. Votre globe est petit, les habitants le sont aussi; vous avez peu de sensations; votre matière a peu de propriétés; tout cela est l'ouvrage de la Providence. De quelle couleur est votre soleil bien examiné? — D'un blanc fort jaunâtre, dit le Saturnien; et quand nous divisons un de ses rayons, nous trouvons qu'il contient sept couleurs[1]. — Notre soleil tire sur le rouge[2], dit le Sirien,

---

1. Les sept couleurs du prisme découvertes par Newton; 2. Sirius, d'après les anciens, tirait sur le rouge, mais son éclat est blanc aujourd'hui.

QUESTIONS

3. Voltaire aborde maintenant un thème classique, et se souvient notamment de Cicéron et de Sénèque. Il est aussi très proche de Montaigne : « Le long temps vivre et le peu de temps vivre est rendu tout un par la mort. Car le long et le court n'est point aux choses qui ne sont plus. » Mais son attitude demeure incertaine : elle n'est pas stoïcienne comme celle de Montaigne. La notion de métamorphose fait songer à Leibniz. Attitude plus littéraire que philosophique : montrez-le. Voltaire développe le thème de la brièveté de la vie humaine en s'inspirant des Anciens, de Montaigne, avec une pointe d'hostilité envers Bossuet et Pascal, et à la lumière de la philosophie de Leibniz. A l'aide des indications ci-dessus, faites-en la preuve. En quoi ce développement est-il pourtant « original »? — L'homme, le monde et le créateur. Quelle expression rend compte de la petitesse de l'homme? Rapprochez ce passage de deux autres textes de Voltaire : 1° *Zadig* : « ... il y avait autrefois un grain de sable qui se lamentait d'être un atome ignoré dans les déserts; au bout de quelques années il devint diamant, et il est à présent le plus bel ornement de la couronne du roi des Indes »; 2° *Exposition du livre des institutions physiques* (1740) : « Il paraît qu'il n'y a qu'un être tout-puissant qui ait pu faire des choses infiniment différentes... Mais aussi il paraît qu'il n'y a qu'un être tout-puissant qui puisse faire des choses infiniment semblables... La proposition de Leibniz est ingénieuse et grande, la proposition contraire est aussi vraisemblable pour le moins que la sienne. Tel a toujours été le sort de la métaphysique. »

et nous avons trente-neuf couleurs primitives. Il n'y a pas un soleil, parmi tous ceux dont j'ai approché, qui se ressemble, comme chez vous il n'y a pas un visage qui ne soit différent de tous les autres. »

Après plusieurs questions de cette nature, il s'informa combien de substances essentiellement différentes on comptait dans Saturne. Il apprit qu'on n'en comptait qu'une trentaine, comme Dieu, l'espace, la matière, les êtres étendus qui sentent et qui pensent, les êtres pensants qui n'ont point d'étendue ; ceux qui se pénètrent, ceux qui ne se pénètrent pas, et le reste. Le Sirien, chez qui on en comptait trois cents, et qui en avait découvert trois mille autres dans ses voyages, étonna prodigieusement le philosophe de Saturne. Enfin, après s'être communiqué l'un à l'autre un peu de ce qu'ils savaient et beaucoup de ce qu'ils ne savaient pas, après avoir raisonné pendant une révolution du soleil, ils résolurent de faire ensemble un petit voyage philosophique. **(4) (5)**

CHAPITRE III

Voyage des deux habitants de Sirius et de Saturne.

Nos deux philosophes étaient prêts à s'embarquer dans l'atmosphère de Saturne avec une fort jolie provision d'instruments mathématiques, lorsque la maîtresse du Saturnien,

---

——— QUESTIONS ———

4. Les propriétés de la matière. Montrez qu'on passe d'une discussion positive sur un problème de physique (nombre des propriétés) à une discussion métaphysique (nombre des substances). Soulignez le changement de ton : passage du sérieux à la dérision. Soulignez dans la dernière phrase une expression qui résume ce que Voltaire pense des deux étapes de cette courte discussion. En utilisant d'autres œuvres de cet écrivain, prouvez que ce thème est chez lui fondamental : la métaphysique est vaine. Où auparavant avons-nous vu qu'elle était également dangereuse ?

5. SUR L'ENSEMBLE DU CHAPITRE II. — Montrez comment Voltaire laisse entendre qu'il est sérieux et fait exprimer ses propres convictions aux personnages (première partie du dialogue); comment ensuite le dialogue tourne à une dérision de la pensée métaphysique.

— En quel sens ces trois premiers chapitres peuvent-ils être interprétés comme une méditation sur la relativité universelle ?

— Mettez en évidence l'originalité de Voltaire par rapport à une autre transposition du problème de la matière, dont l'auteur est lui aussi un « philosophe » : Diderot, *Rêve de d'Alembert.*

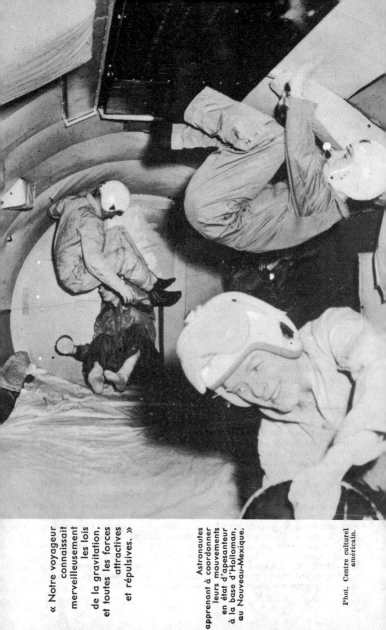

« Notre voyageur connaissait merveilleusement les lois de la gravitation, et toutes les forces attractives et répulsives. »

Astronautes apprenant à coordonner leurs mouvements en état d'apesanteur à la base d'Holloman, au Nouveau-Mexique.

qui en eut des nouvelles, vint en larmes faire ses remontrances.
C'était une jolie petite brune qui n'avait que six cent soixante
toises, mais qui réparait par bien des agréments la petitesse
de sa taille. « Ah! cruel! s'écria-t-elle, après t'avoir résisté
quinze cents ans, lorsqu'enfin je commençais à me rendre,
quand j'ai à peine passé cent[1] ans entre tes bras, tu me quittes
pour aller voyager avec un géant d'un autre monde; va, tu
n'es qu'un curieux, tu n'as jamais eu d'amour : si tu étais
un vrai Saturnien, tu serais fidèle. Où vas-tu courir? Que
veux-tu? Nos cinq lunes sont moins errantes que toi, notre
anneau est moins changeant. Voilà qui est fait, je n'aimerai
jamais plus personne. » Le philosophe l'embrassa, pleura avec
elle, tout philosophe qu'il était; et la dame, après s'être pâmée,
alla se consoler avec un petit-maître du pays. **(1)**

Cependant nos deux curieux partirent; ils sautèrent d'abord
sur l'anneau, qu'ils trouvèrent assez plat, comme l'a fort bien
deviné un illustre habitant de notre petit globe[2], de là ils allèrent
aisément de lune en lune. Une comète passait tout auprès de
la dernière; ils s'élancèrent sur elle avec leurs domestiques et
leurs instruments. Quand ils eurent fait environ cent cinquante millions de lieues, ils rencontrèrent les satellites de
Jupiter[3]. Ils passèrent dans Jupiter même, et y restèrent une
année, pendant laquelle ils apprirent de fort beaux secrets qui
seraient actuellement sous presse sans messieurs les inquisi-
teurs, qui ont trouvé quelques propositions un peu dures.

---

1. Dans les premières éditions (antérieures à 1775), on lisait « deux cents »; 2. Huyghens, dans son *Système saturnien*, remarque en effet : « L'anneau n'est pas rattaché
à Saturne, mais séparé de lui de tous côtés par un intervalle égal. » Il note aussi que
l'anneau est « mince et plan »; 3. La théorie des satellites de Jupiter et de Saturne
était assez récente : on la devait aux travaux de Dominique Cassini (1705) et de son
fils Jacques (1715).

QUESTIONS

1. Quelle est l'utilité de l'épisode qui ouvre le chapitre III? Citez
d'autres « divertissements » analogues dans les contes de Voltaire. —
Une parodie du roman larmoyant : distinguez les différents thèmes
romanesques que Voltaire tourne ici en dérision. En quel sens peut-on
dire que cet épisode est « libertin »? Le style tranche avec celui du chapitre II : en quoi exactement? Dans les *Lettres persanes* de Montesquieu,
une intrigue, « libertine » elle aussi (le harem), interfère avec les déve-
loppements philosophiques : elle est assez fade et fait souvent longueur :
comment Voltaire a-t-il échappé à cet écueil? — Quels effets Voltaire
tire-t-il des éléments « gigantesques »?

Mais j'en ai lu le manuscrit dans la bibliothèque de l'illustre archevêque de ..., qui m'a laissé voir ses livres avec cette générosité et cette bonté qu'on ne saurait assez louer[1].

Mais revenons à nos voyageurs. En sortant de Jupiter, ils traversèrent un espace d'environ cent millions de lieues, et ils côtoyèrent la planète de Mars, qui, comme on sait, est cinq fois plus petite que notre petit globe; ils virent deux lunes qui servent à cette planète, et qui ont échappé aux regards de nos astronomes. Je sais bien que le P. Castel[2] écrira, et même assez plaisamment, contre l'existence de ces deux lunes; mais je m'en rapporte à ceux qui raisonnent par analogie. Ces bons philosophes-là savent combien il serait difficile que Mars, qui est si loin du soleil, se passât à[3] moins de deux lunes. (2)

Quoi qu'il en soit, nos gens trouvèrent cela si petit qu'ils craignirent de n'y pas trouver de quoi coucher, et ils passèrent leur chemin comme deux voyageurs qui dédaignent un mauvais cabaret de village et poussent jusqu'à la ville voisine. Mais le Sirien et son compagnon se repentirent bientôt. Ils allèrent longtemps, et ne trouvèrent rien. Enfin ils aperçurent une petite lueur : c'était la terre : cela fit pitié à des gens qui venaient de Jupiter. Cependant, de peur de se repentir une seconde fois, ils résolurent de débarquer. Ils passèrent sur la queue de la comète, et trouvant une aurore boréale[4] toute prête, ils se mirent dedans, et arrivèrent à terre sur le bord septentrional

---

1. Selon M. Wade, il s'agirait du cardinal de Tencin, frère de Mme de Tencin, oncle de d'Argental, fidèle camarade de collège de Voltaire (en 1739, Voltaire mentionne son élévation au cardinalat); 2. Le *P. Castel* avait fait construire un clavecin oculaire, fondé sur le principe d'une correspondance entre les couleurs et les sons. On imagine l'intérêt que Voltaire et surtout son ami Diderot prenaient à ce genre de nouveautés. Mais le P. Castel collaborait au *Journal de Trévoux*, que dirigeait l'« ami Fréron », et Voltaire eut à se plaindre de sa plume acerbe; 3. Se contentât de; 4. Météore lumineux qui paraît dans le ciel du côté du nord et qui est fréquent dans la région polaire.

——— QUESTIONS ———

2. Écrivant à Galilée, Kepler avait développé un raisonnement analogique : « Bien loin de nier l'existence des quatre satellites de Jupiter je souhaiterais de découvrir au télescope avant vous, si possible, deux satellites de Mars, ainsi que les dimensions proportionnelles semblent le requérir; six ou huit satellites de Saturne; et peut-être un satellite de Mercure et de Vénus. » Ce genre de raisonnement tenait une grande place dans la science au xviiie siècle. Comment Voltaire positiviste le déprécie-t-il?

« ... il allait de globe en globe...
comme un oiseau voltige de branche en branche... »

L'astronaute Aldrin s'apprêtant à poser le pied sur le sol lunaire,
le 21 juillet 1969.

de la mer Baltique, le cinq juillet mil sept cent trente-sept, nouveau style[1]. (3) (4)

CHAPITRE IV

Ce qui leur arrive sur le globe de la terre.

Après s'être reposés quelque temps, ils mangèrent à leur déjeuner deux montagnes, que leurs gens leur apprêtèrent assez proprement[2]. Ensuite ils voulurent reconnaître le pays où ils étaient. Ils allèrent d'abord du nord au sud. Les pas ordinaires du Sirien étaient d'environ trente mille pieds de roi; le nain de Saturne, dont la taille n'était que de mille toises, suivait de loin en haletant; or il fallait qu'il fît environ douze pas quand l'autre faisait une enjambée[3] : figurez-vous (s'il est permis de faire de telles comparaisons) un très petit chien de manchon[4] qui suivrait un capitaine des gardes du roi de Prusse.

Comme ces étrangers-là vont assez vite, ils eurent fait le

---

1. En 1582, le pape Grégoire XIII avait réformé le calendrier. Le « vieux style » resta pourtant en vigueur en Angleterre jusqu'en 1752; les pays slaves l'ont conservé jusqu'au XX⁰ siècle. Il était alors en retard de dix jours sur l'année solaire (treize jours actuellement); 2. Ce détail a été ajouté dans l'édition de 1754 et dans les suivantes; 3. Voir plus haut, note 4, p. 19. Entre les habitants de Sirius et ceux de Saturne, il y a la même disproportion qu'entre ceux-ci et les habitants de la Terre; 4. Un chien de très petite espèce et qui peut tenir dans un manchon. Les grenadiers de Frédéric II étaient d'une stature légendaire. Voltaire y fait souvent allusion.

QUESTIONS

3. La date du 5 juillet 1737 est importante, car elle coïncide avec le retour de Laponie de la mission Maupertuis. Ce dernier (accompagné des savants Clairaut, Camus et Le Monnier) avait quitté Dunkerque le 2 mai 1736. Le 9 juin, la mission faisait route vers la France, ramenant deux Lapones. Des avaries survenues à la suite d'une tempête obligèrent le navire à un long mouillage dans le golfe de Botnie. Le 18 juillet, la navigation reprit. Le 20 août, Maupertuis et ses compagnons étaient à Paris. La date du 5 juillet se situe donc durant la période d'immobilisation dans le golfe de Botnie. — A la lumière de cette documentation, vous montrerez comment Voltaire allie un talent de journaliste à celui d'un philosophe vulgarisateur.

4. SUR L'ENSEMBLE DU CHAPITRE III. — Soulignez le contraste de ce chapitre avec le précédent. Caractérisez le ton et précisez les thèmes de ce chapitre. En quoi marque-t-il une détente? Justifiez celle-ci.
— Mettez en évidence que, néanmoins, Voltaire ne perd pas de vue son objectif fondamental. Relevez les termes associés à ce qui concerne la Terre : quel est leur caractère commun?

tour du globe en trente-six heures; le soleil, à la vérité, ou plutôt la terre, fait un pareil voyage en une journée; mais il faut songer qu'on va bien plus à son aise quand on tourne sur son axe que quand on marche sur ses pieds. Les voilà donc revenus d'où ils étaient partis, après avoir vu cette mare presque imperceptible pour eux, qu'on nomme la *Méditerranée*, et cet autre petit étang qui, sous le nom de *grand Océan*, entoure la taupinière. Le nain n'en avait eu jamais qu'à mi-jambe, et à peine l'autre avait-il mouillé son talon[1]. (1)

Ils firent tout ce qu'ils purent en allant et en revenant dessus et dessous pour tâcher d'apercevoir si ce globe était habité ou non. Ils se baissèrent. Ils se couchèrent. Ils tâtèrent partout; mais leurs yeux et leurs mains n'étant point proportionnés aux petits êtres qui rampent ici, ils ne reçurent pas la moindre sensation qui pût leur faire soupçonner que nous et nos confrères les autres habitants de ce globe avons l'honneur d'exister.

Le nain, qui jugeait quelquefois un peu trop vite, décida d'abord qu'il n'y avait personne sur la terre. Sa première raison était qu'il n'avait vu personne. Micromégas lui fit sentir poliment que c'était raisonner assez mal : « Car, disait-il, vous ne voyez pas avec vos petits yeux certaines étoiles de la cinquième grandeur que j'aperçois très distinctement; concluez-vous de là que ces étoiles n'existent pas? — Mais, dit le nain, j'ai bien tâté. — Mais, répondit l'autre, vous avez mal senti. — Mais, dit le nain, ce globe-ci est si mal construit, cela est si irrégulier et d'une forme qui me paraît si ridicule! Tout semble être ici dans le chaos : voyez-vous ces petits ruisseaux dont aucun ne va de droit fil[2], ces étangs qui ne sont ni ronds,

---

1. L'indication est en accord avec l'état des connaissances océanographiques à l'époque de Voltaire : lui-même s'est intéressé à la question. Dans une *Digression sur la manière dont notre globe a pu être inondé*, il précise : « On compte aujourd'hui que la mer, en prenant ensemble les fonds qu'on a sondés et ceux qui sont inaccessibles à la sonde, peut avoir environ mille pieds de profondeur. » De même Gulliver, dans les mers de Lilliput, a de l'eau un peu plus haut que le genou; 2. Aller droit; littéralement, « couper la toile entre deux fils ».

QUESTIONS

1. Montrez que le récit est fantaisiste, mais cohérent et conforme à une certaine logique interne. Citez pourtant un exemple d'incohérence. — Cherchez d'autres exemples caractéristiques de la littérature mettant en scène des géants (*l'Odyssée*, chap. IX; Rabelais, *Gargantua*, chap. XXVIII; Swift, *les Voyages de Gulliver*).

« ... comme un musicien italien se met à rire de la musique de Lulli, quand il vient en France. »

Gravure de Charles-Nicolas Cochin célébrant le *Triomphe de Rameau*,
l'un des champions de la musique française dans la Querelle des « bouffons ».

ni carrés, ni ovales, ni sous aucune forme régulière; tous ces petits grains pointus dont ce globe est hérissé, et qui m'ont écorché les pieds? (Il voulait parler des montagnes.) Remarquez-vous encore la forme de tout le globe, comme il est plat aux pôles, comme il tourne autour du soleil d'une manière gauche, de façon que les climats des pôles sont nécessairement incultes[1]? En vérité, ce qui fait que je pense qu'il n'y a ici personne, c'est qu'il me paraît que des gens de bon sens ne voudraient pas y demeurer. — Eh bien! dit Micromégas, ce ne sont peut-être pas non plus des gens de bon sens qui l'habitent. Mais enfin il y a quelque apparence que ceci n'est pas fait pour rien. Tout vous paraît irrégulier ici, dites-vous, parce que tout est tiré au cordeau[2] dans Saturne et dans Jupiter. Eh! c'est peut-être pour cette raison-là même qu'il y a ici un peu de confusion. Ne vous ai-je pas dit que dans mes voyages j'avais toujours remarqué de la variété? » Le Saturnien répliqua à toutes ces raisons. (2)

La dispute n'eût jamais fini, si par bonheur Micromégas, en s'échauffant à parler, n'eût cassé le fil de son collier de diamants. Les diamants tombèrent; c'étaient de jolis petits carats[3] assez inégaux, dont les plus gros pesaient quatre cents livres, et les plus petits cinquante. Le nain en ramassa quelques-uns; il s'aperçut, en les approchant de ses yeux, que ces diamants, de la façon dont ils étaient taillés, étaient d'excellents

---

1. Il y a là une allusion à l'actualité : la mission Maupertuis vient de vérifier les calculs de Newton et de Huyghens sur la conformation et le climat des pôles; 2. Voltaire songe à la finalité universelle, et il n'y croit guère. Ainsi dans le *Dictionnaire philosophique*, édition de 1764, à l'article « Chaîne des événements », traitant de cette finalité, il écrit : « ... il me semble qu'on abuse étrangement de la vérité de ce principe »; 3. Le *carat* est la vingt-quatrième partie d'or pur dans une masse que l'on considère comme composée de vingt-quatre parties. C'est aussi le poids de vingt-quatre grains dont on se sert pour les diamants. Enfin, comme ici, *carat* sert à désigner un petit diamant.

QUESTIONS

2. Analysez comment la logique interne du récit fantaisiste met Voltaire sur la voie d'une découverte de la psychologie expérimentale : le seuil sensoriel, c'est-à-dire la limite au-dessous de laquelle une excitation ne produit aucun fait de conscience; il est assez logique d'imaginer, comme Voltaire le fait ici, que des géants aient des sens ne réagissant pas à des excitations auxquelles la conscience humaine est sensible. — Relevez les traits satiriques dans ce passage : concernant les hommes; concernant les procédés de connaissance scientifique; montrez que l'erreur vient de l'interprétation et non de l'observation elle-même. Quel bref échange de répliques met cela en évidence?

microscopes. Il prit donc un petit microscope de cent soixante pieds de diamètre, qu'il appliqua à sa prunelle; et Micromégas en choisit un de deux mille cinq cents pieds[1]. Ils étaient excellents; mais d'abord on ne vit rien par leurs secours, il fallait s'ajuster[2]. Enfin l'habitant de Saturne vit quelque chose d'imperceptible qui remuait entre deux eaux dans la mer Baltique : c'était une baleine. Il la prit avec le petit doigt fort adroitement; et la mettant sur l'ongle de son pouce, il la fit voir au Sirien, qui se prit à rire pour la seconde fois de l'excès de petitesse dont étaient les habitants de notre globe. Le Saturnien, convaincu que notre monde est habité, s'imagina bien vite qu'il ne l'était que par des baleines; et comme il était grand raisonneur, il voulut deviner d'où un si petit atome tirait son origine, son mouvement, s'il avait des idées, une volonté, une liberté. Micromégas y fut fort embarrassé; il examina l'animal fort patiemment, et le résultat de l'examen fut qu'il n'y avait pas moyen de croire qu'une âme fût logée là. Les deux voyageurs inclinaient donc à penser qu'il n'y a point d'esprit dans notre habitation, lorsqu'à l'aide du microscope ils aperçurent quelque chose d'aussi gros qu'une baleine qui flottait sur la mer Baltique. On sait que dans ce temps-là même une volée de philosophes revenait du cercle polaire, sous lequel ils avaient été faire des observations dont personne ne s'était avisé jusqu'alors. Les gazettes dirent que leur vaisseau échoua au golfe de Bothnie[3], et qu'ils eurent bien de la peine à se sauver; mais on ne sait jamais dans ce monde le dessous des cartes. Je vais raconter ingénument comme la chose se passa, sans y rien mettre du mien; ce qui n'est pas un petit effort pour un historien. (3) (4)

---

1. Le *pied* valait 0,324 mètre; 2. *S'ajuster :* mettre au point. Ce sens, nouveau au XVIIᵉ siècle, s'impose au XVIIIᵉ; 3. Le *golfe de Botnie* se situe entre la Suède et la Finlande.

─────── **QUESTIONS** ───────

3. Quelle vous paraît être la position de Voltaire sur le dogme chrétien de l'âme comme privilège des êtres humains? La théorie de Descartes sur les « animaux-machines » est toujours l'objet de discussions au XVIIIᵉ siècle. L'argument négatif de Micromégas est-il convaincant? Voltaire le croit-il bon? — Relevez la malice finale. Est-elle fondée à l'époque? Voltaire encourra-t-il le même reproche?

Question **4**, voir page 39.

CHAPITRE V

Expériences et raisonnements des deux voyageurs.

Micromégas étendit la main tout doucement vers l'endroit où l'objet paraissait, et avançant deux doigts, et les retirant par la crainte de se tromper, puis les ouvrant et les serrant, il saisit fort adroitement le vaisseau qui portait ces messieurs, et le mit encore sur son ongle sans le trop presser de peur de l'écraser. « Voici un animal bien différent du premier », dit le nain de Saturne; le Sirien mit le prétendu animal dans le creux de sa main. Les passagers et les gens de l'équipage, qui s'étaient crus enlevés par un ouragan, et qui se croyaient sur une espèce de rocher, se mettent tous en mouvement; les matelots prennent des tonneaux de vin, les jettent sur la main de Micromégas, et se précipitent après. Les géomètres prennent leurs quarts de cercle[1], leurs secteurs, deux filles laponnes[2], et descendent sur les doigts du Sirien. Ils en firent tant qu'il sentit enfin remuer quelque chose qui lui chatouillait les doigts; c'était un bâton ferré qu'on lui enfonçait d'un pied dans l'index : il jugea par ce picotement[3] qu'il était sorti quelque chose du petit animal qu'il tenait; mais il n'en soupçonna pas d'abord davantage. Le microscope, qui faisait à peine discerner une baleine et un vaisseau, n'avait point de prise sur un être aussi imperceptible que des hommes. Je ne prétends ici choquer la vanité de personne, mais je suis obligé de prier les importants de faire ici une petite remarque avec moi; c'est qu'en prenant la taille des hommes d'environ cinq pieds, nous ne faisons pas sur la terre une plus grande figure qu'en

---

1. Le *quart de cercle* est un instrument qui est la quatrième partie d'un cercle et qui sert à prendre les élévations sur terre et sur mer. Le *secteur* consiste en un arc de 20 à 30 degrés auquel est fixée une lunette. Le même détail figure dans *les Voyages de Gulliver* : à la fin du chapitre III, les mathématiciens de Lilliput mesurent le héros avec un instrument analogue; 2. Le détail est authentique, et Voltaire s'en égaya fort; après quoi il composa un poème en faveur de ces jeunes martyres de la science; 3. Le détail se trouve chez Swift : Gulliver lui aussi éprouve une sensation de picotement.

— QUESTIONS —

4. SUR L'ENSEMBLE DU CHAPITRE IV. — Montrez comment, au cours de ce chapitre, Voltaire allie heureusement l'actualité scientifique, la relation des faits divers et la propagande philosophique. En quoi consiste l'originalité de l'écrivain?

— Mettez en relief l'habileté de composition de ce chapitre. Comment les événements s'enchaînent-ils?

ferait sur une boule de dix pieds de tour un animal qui aurait à peu près la six cent millième[1] partie d'un pouce en hauteur. (1)

Figurez-vous une substance qui pourrait tenir la terre dans sa main, et qui aurait des organes en proportion des nôtres; et il se peut très bien faire qu'il y ait un grand nombre de ces substances : or concevez, je vous prie, ce qu'elles penseraient de ces batailles qui font gagner au vainqueur un village pour le perdre ensuite.

Je ne doute pas que, si quelque capitaine des grands grenadiers lit jamais cet ouvrage, il ne hausse de deux grands pieds au moins les bonnets de sa troupe; mais je l'avertis qu'il aura beau faire, que lui et les siens ne seront jamais que des infiniment petits. (2)

Quelle adresse merveilleuse ne fallut-il donc pas à notre philosophe de Sirius, pour apercevoir les atomes dont je viens de parler? Quand Leeuwenhoek[2] et Hartsoeker virent les premiers ou crurent voir la graine dont nous sommes formés, ils ne firent pas, à beaucoup près, une si étonnante découverte. Quel plaisir sentit Micromégas en voyant remuer ces petites machines, en examinant tous leurs tours, en les suivant dans toutes leurs opérations! Comme il s'écria! Comme il mit avec joie un de ses microscopes dans les mains de son compagnon

---

1. Dans l'édition de 1752, on lit : « la soixante millième »; 2. Leurs observations au microscope, venant après le passage des *Pensées* de Pascal consacrées aux deux Infinis, étaient connues du public : ils avaient distingué et décrit les protozoaires; Leeuwenhoek les avait observés dans l'acte même de l'accouplement.

─────── **QUESTIONS** ───────

1. Faites la part, ici, des souvenirs de Swift, des allusions à l'actualité et de la fantaisie qui égayent cet épisode de transition. Montrez comment une logique interne rigoureuse préside cependant à la trame du récit. — Dans un recueil de réflexions publié sous le nom de *Sottisier*, Voltaire a écrit : « Un homme fait sur la Terre la même figure qu'un pou d'une ligne de hauteur et d'un cinquième de largeur sur une montagne de 15 700 pieds ou environ de circuit. » Comparez les dix dernières lignes de cette page de *Micromégas* avec cet extrait du *Sottisier*. Quel texte vous paraît donner la meilleure illustration concrète de la petitesse de l'homme?

2. Même opinion dans la Ire *Lettre philosophique* et dans le *Dictionnaire philosophique* (à l'article « Guerre »). Dans *Candide*, Voltaire développe exactement le même thème et aussi dans sa volumineuse correspondance avec Frédéric II. — D'après ces indications, précisez l'attitude de Voltaire à l'égard de la guerre. Quelles peuvent être ses raisons? En quoi pouvait-il alors passer pour un esprit dangereux?

de voyage! « Je les vois, disaient-ils tous deux à la fois; ne les voyez-vous pas qui portent des fardeaux, qui se baissent, qui se relèvent! » En parlant ainsi, les mains leur tremblaient par le plaisir de voir des objets si nouveaux, et par la crainte de les perdre. Le Saturnien, passant d'un excès de défiance à un excès de crédulité, crut apercevoir qu'ils travaillaient à la propagation. « AH! disait-il, J'AI PRIS LA NATURE SUR LE FAIT[1]. » Mais il se trompait sur les apparences : ce qui n'arrive que trop, soit qu'on se serve ou non de microscopes. **(3) (4)**

CHAPITRE VI

Ce qui leur arriva chez les hommes.

Micromégas, bien meilleur observateur que son nain, vit clairement que les atomes se parlaient; et il le fit remarquer à son compagnon, qui ne voulut point croire que de pareilles espèces pussent se communiquer des idées. Il avait le don des langues aussi bien que le Sirien; il n'entendait point parler nos atomes, et il supposait qu'ils ne parlaient pas : d'ailleurs, comment ces êtres imperceptibles auraient-ils les organes de

---

1. Fontenelle avait fait en ces termes l'éloge d'un savant, M. de Tournefort : « La nature fut, pour ainsi dire, prise sur le fait. »

━━━ QUESTIONS ━━━

3. Dans les *Caractères* de La Bruyère, chapitre « Des jugements », œuvre que Voltaire avait longuement méditée, le même thème est ainsi développé : « Petits hommes hauts de six pieds, tout au plus de sept, qui vous enfermez aux foires comme géants et comme des pièces rares dont il faut acheter la vue dès que vous allez jusqu'à huit pieds... Peignez un homme de la taille du mont Athos, pourquoi non? Une âme serait-elle embarrassée d'animer un tel corps? Elle en serait plus large. Si cet homme avait la vue assez subtile pour vous découvrir quelque part sur la Terre avec vos armes offensives et défensives, que croyez-vous qu'il penserait de petits marmousets ainsi équipés et de ce que vous appelez guerre, cavalerie, infanterie, un mémorable siège, une fameuse journée? » Comparez à ce texte la fin de ce chapitre.

4. SUR L'ENSEMBLE DU CHAPITRE V. — Thème traité. Comment se rattache-t-il au dessein général de l'œuvre? Par quels moyens Voltaire l'illustre-t-il?
— De quelle manière le thème de la guerre se greffe-t-il sur le récit? Mettez en évidence le lien qui pourtant l'unit à ce dernier.
— Le comique est-il homogène ici? N'y a-t-il pas aussi de l'émotion? Déterminez la nature de celle-ci.

la voix, et qu'auraient-ils à dire? Pour parler il faut penser, ou à peu près; mais s'ils pensaient, ils auraient donc l'équivalent d'une âme : or, attribuer l'équivalent d'une âme à cette espèce, cela lui paraissait absurde.

« Mais, dit le Sirien, vous avez cru tout à l'heure qu'ils faisaient l'amour; est-ce que vous croyez qu'on puisse faire l'amour sans penser et sans proférer quelque parole, ou du moins sans se faire entendre? Supposez-vous d'ailleurs qu'il soit plus difficile de produire un argument qu'un enfant? Pour moi, l'un et l'autre me paraissent de grands mystères. — Je n'ose plus ni croire ni nier, dit le nain; je n'ai plus d'opinion. Il faut tâcher d'examiner ces insectes, nous raisonnerons après. — C'est fort bien dit », reprit Micromégas; et aussitôt il tira une paire de ciseaux dont il se coupa les ongles, et d'une rognure de l'ongle de son pouce il fit sur-le-champ une espèce de grande trompette parlante, comme un vaste entonnoir, dont il mit le tuyau dans son oreille. La circonférence de l'entonnoir enveloppait le vaisseau et tout l'équipage. La voix la plus faible entrait dans les fibres circulaires de l'ongle, de sorte que, grâce à son industrie[1], le philosophe de là-haut entendit parfaitement le bourdonnement de nos insectes de là-bas. En peu d'heures il parvint à distinguer les paroles, et enfin à entendre le français. Le nain en fit autant, quoique avec plus de difficulté. L'étonnement des voyageurs redoublait à chaque instant. Ils entendaient des mites parler d'assez bon sens : ce jeu de la nature[2] leur paraissait inexplicable. (1)

Vous croyez bien que le Sirien et son nain brûlaient d'impatience de lier conversation avec les atomes; le nain craignait que sa voix de tonnerre, et surtout celle de Micromégas, n'assourdît les mites sans en être entendue. Il fallait en dimi-

---

1. *Industrie :* adresse, habileté; 2. C'est l'expression qu'emploie Ariste pour faire admettre à Argan l'étrange ressemblance entre Toinette et le médecin passager. Elle sert encore au XVIIIe siècle à rendre compte des phénomènes qui échappent aux explications scientifiques. Ex. : les *fossiles* étaient considérés comme des « jeux de la nature » *(ludi naturae)*.

QUESTIONS

1. Déjà au chapitre II, à la suite d'une série de raisonnements incertains, il avait fallu « revenir aux faits ». Montrez comment ici le positivisme de Voltaire se précise. Est-ce à dire que Voltaire condamne toute métaphysique? — Citez d'autres textes prouvant que Voltaire, avec Locke et les empiristes anglais, préconise le départ de l'expérience pour aboutir aux principes, mais que, comme eux, il met à part les « premiers principes » (l'âme, Dieu, la substance).

nuer la force. Ils se mirent dans la bouche des espèces de petits cure-dents[1], dont le bout fort effilé venait donner auprès du vaisseau. Le Sirien tenait le nain sur ses genoux, et le vaisseau avec l'équipage sur son ongle; il baissait la tête et parlait bas. Enfin moyennant toutes ces précautions et bien d'autres encore, il commença ainsi son discours :

« Insectes invisibles que la main du Créateur s'est plu à faire naître dans l'abîme de l'infiniment petit, je le remercie de ce qu'il a daigné me découvrir des secrets qui semblaient impénétrables. Peut-être ne daignerait-on pas vous regarder à ma cour; mais je ne méprise personne, et je vous offre ma protection. »

Si jamais il y eut quelqu'un d'étonné, ce furent les gens qui entendirent ces paroles. Ils ne pouvaient deviner d'où elles partaient. L'aumônier du vaisseau récita les prières des exorcismes, les matelots jurèrent, et les philosophes du vaisseau firent des systèmes; mais quelque système qu'ils fissent, ils ne purent jamais deviner qui leur parlait. Le nain Saturne, qui avait la voix plus douce que Micromégas, leur apprit alors en peu de mots à quelles espèces ils avaient affaire. Il leur raconta le voyage de Saturne, les mit au fait de ce qu'était M. Micromégas; et, après les avoir plaints d'être si petits, il leur demanda s'ils avaient toujours été dans ce misérable état si voisin de l'anéantissement, ce qu'ils faisaient dans un globe qui paraissait appartenir à des baleines, s'ils étaient heureux, s'ils multipliaient, s'ils avaient une âme, et cent autres questions de cette nature. (2)

Un raisonneur de la troupe, plus hardi que les autres, et choqué de ce qu'on doutait de son âme, observa l'interlocuteur avec des pinnules[2] braquées sur un quart de cercle, fit

---

1. Ce détail vient après celui des ciseaux : les deux personnages appartiennent à un pays très civilisé. La trompette parlante qu'utilisent les voyageurs avait fait l'objet de plusieurs articles du *Journal de Trévoux*; mais les auteurs des articles ne prévoyaient son utilisation que comme trompette acoustique; 2. Le mot *pinnules* sert à désigner deux petites pièces de cuivre minces, rectangulaires, élevées perpendiculairement.

QUESTIONS

2. Relevez les réminiscences de Swift et celles de Rabelais. — Du point de vue dramatique, les attitudes devant le danger de l'aumônier, des matelots et des philosophes sont excellentes. Pourquoi? Citez un passage analogue du *Coche et la Mouche* de La Fontaine. — Quelle idée ces trois attitudes différentes mettent-elles en lumière?

deux stations[1], et à la troisième il parla ainsi : « Vous croyez donc, monsieur, parce que vous avez mille toises depuis la tête jusqu'aux pieds, que vous êtes un... — Mille toises! s'écria le nain; juste ciel! d'où peut-il savoir ma hauteur? Mille toises! il ne se trompe pas d'un pouce : quoi! cet atome m'a mesuré! il est géomètre, il connaît ma grandeur; et moi, qui ne le vois qu'à travers un microscope, je ne connais pas encore la sienne! — Oui, je vous ai mesuré, dit le physicien, et je mesurerai encore bien votre grand compagnon. » La proposition fut acceptée; Son Excellence se coucha de tout son long; car, s'il se fût tenu debout, sa tête eût été trop au-dessus des nuages. Nos philosophes lui plantèrent un grand arbre dans un endroit que le docteur Swift nommerait, mais que je me garderai bien d'appeler par son nom, à cause de mon grand respect pour les dames. Puis, par une suite de triangles liés ensemble, ils conclurent que ce qu'ils voyaient était en effet un jeune homme de cent vingt mille pieds de roi.

Alors Micromégas prononça ces paroles : « Je vois plus que jamais qu'il ne faut juger de rien sur sa grandeur apparente. O Dieu! qui avez donné une intelligence à des substances qui paraissent si méprisables, l'infiniment petit[2] vous coûte autant que l'infiniment grand; et s'il est possible qu'il y ait des êtres plus petits que ceux-ci, ils peuvent encore avoir un esprit supérieur à ceux de ces superbes animaux que j'ai vus dans le ciel, dont le pied seul couvrirait le globe où je suis descendu. »

Un des philosophes lui répondit qu'il pouvait en toute sûreté croire qu'il est en effet des êtres intelligents beaucoup plus petits que l'homme. Il lui conta, non pas tout ce que Virgile a dit de fabuleux sur les abeilles[3], mais ce que Swammerdam a découvert, et ce que Réaumur a disséqué. Il lui apprit enfin qu'il y a des animaux qui sont pour les abeilles ce que les abeilles sont pour l'homme, ce que le Sirien

---

1. *Station :* ce mot sert à désigner les opérations successives effectuées pour un nivellement ou pour une mesure d'angle; 2. L'*infiniment petit est* décidément à la mode : le grand public est toujours fasciné par la légendaire méditation de Pascal. Depuis Pascal, les investigations s'étaient poursuivies. Voir Réaumur, *Histoire naturelle des insectes* (1735) : « La production des plus petits insectes a pu paraître demander autant de préparatifs, autant d'appareils que celle des plus grands animaux »; 3. Virgile, *Géorgiques*, IV, vers 197 et sqq. Dans le *Dictionnaire philosophique*, à l'article « Abeille », Voltaire explique pourquoi « fabuleux » : « Virgile n'a chanté sur les abeilles que les erreurs de son temps »; dès le XVIIe siècle, le savant hollandais Swammerdam avait développé un point de vue analogue. Réaumur, d'ailleurs, se réclame des conclusions de ce dernier.

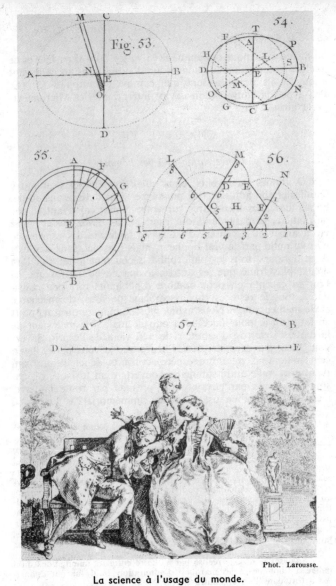

Phot. Larousse.

La science à l'usage du monde.

Gravure de Sébastien Leclerc (1637-1714) pour son *Traité de géométrie*.
Paris, bibliothèque des Arts décoratifs.

lui-même était pour ces animaux si vastes dont il parlait, et ce que ces grands animaux sont pour d'autres substances devant lesquelles ils ne paraissent que comme des atomes (3) (4). Peu à peu la conversation devint intéressante, et Micromégas parla ainsi :

CHAPITRE VII

Conversation avec les hommes.

« O atomes intelligents, dans qui l'Être éternel s'est plu à manifester son adresse et sa puissance, vous devez, sans doute, goûter des joies bien pures sur votre globe; car ayant si peu de matière, et paraissant tout esprit, vous devez passer votre vie à aimer et à penser; c'est la véritable vie des esprits. Je n'ai vu nulle part le vrai bonheur, mais il est ici, sans doute. » A ce discours, tous les philosophes secouèrent la tête; et l'un d'eux, plus franc que les autres, avoua de bonne foi que, si l'on en excepte un petit nombre d'habitants fort peu considérés, tout le reste est un assemblage de fous, de méchants et de malheureux. « Nous avons plus de matière qu'il ne nous en faut, dit-il, pour faire beaucoup de mal, si le mal vient de la matière; et trop d'esprit, si le mal vient de l'esprit. Savez-vous bien, par exemple, qu'à l'heure que je vous parle, il y a cent mille fous de notre espèce, couverts de chapeaux, qui tuent cent mille autres animaux couverts d'un turban[1], ou qui sont massacrés par eux, et que, presque par toute la terre, c'est ainsi qu'on en use de temps immémorial? » Le Sirien

---

1. Les soldats russes portaient des chapeaux, les Turcs des turbans.

──────── **QUESTIONS** ────────

3. Montrez, en utilisant la documentation donnée en note, comment Voltaire, imbu de littérature classique, se révèle au courant de l'actualité scientifique la plus récente. En quoi cet équilibre lui paraît-il d'ailleurs refléter la culture souhaitable pour le philosophe? — En vous reportant au passage correspondant de Pascal, soulignez les analogies et les parallélismes entre ce dernier paragraphe et « les Deux Infinis » (l'infiniment petit).

4. SUR L'ENSEMBLE DU CHAPITRE VI. — Composition du chapitre. Soulignez son homogénéité; indiquez comment se font les enchaînements.
   — Quel est le ton de ce passage? Comment se justifie-t-il?
   — Analysez le dosage réalisé par Voltaire entre les humiliations qu'il inflige à l'homme et les marques d'admiration qu'il lui fait donner. A-t-il tort dans l'un et l'autre cas?

frémit, et demanda quel pouvait être le sujet de ces horribles querelles entre de si chétifs animaux. Il s'agit, dit le philosophe, de quelque tas de boue[1] grand comme votre talon. Ce n'est pas qu'aucun de ces millions d'hommes qui se font égorger prétendent un fétu sur ce tas de boue. Il ne s'agit que de savoir s'il appartiendra à un certain homme qu'on nomme *Sultan*, ou à un autre qu'on nomme, je ne sais pourquoi, *César*. Ni l'un ni l'autre n'a jamais vu ni ne verra jamais le petit coin de terre dont il s'agit; et presque aucun de ces animaux, qui s'égorgent mutuellement, n'a jamais vu l'animal pour lequel ils s'égorgent.

— Ah! malheureux! s'écria le Sirien avec indignation, peut-on concevoir cet excès de rage forcenée! Il me prend envie de faire trois pas, et d'écraser de trois coups de pied toute cette fourmilière d'assassins ridicules. — Ne vous en donnez pas la peine, lui répondit-on; ils travaillent assez à leur ruine. Sachez qu'au bout de dix ans, il ne reste jamais la centième partie de ces misérables; sachez que, quand même ils n'auraient pas tiré l'épée, la faim, la fatigue ou l'intempérance, les emportent presque tous. D'ailleurs, ce n'est pas eux qu'il faut punir, ce sont ces barbares sédentaires qui du fond de leur cabinet ordonnent, dans le temps de leur digestion, le massacre d'un million d'hommes, et qui ensuite en font remercier Dieu solennellement. » (1)

Le voyageur se sentit ému de pitié pour la petite race humaine, dans laquelle il découvrait de si étonnants contrastes. « Puisque vous êtes du petit nombre des sages, dit-il à ces messieurs, et qu'apparemment vous ne tuez personne pour de l'argent, dites-moi, je vous en prie, à quoi vous vous occupez. — Nous disséquons des mouches[2], dit le philosophe, nous mesurons des lignes, nous assemblons des nombres; nous sommes d'accord sur deux ou trois points que nous entendons[3], et nous disputons sur deux ou trois mille que nous n'entendons pas. » Il prit aussitôt fantaisie au Sirien et au Saturnien d'interroger

---

1. La Crimée; 2. Nouvelle allusion aux travaux de Réaumur; 3. *Entendre :* comprendre.

QUESTIONS

1. Importance du thème de la guerre chez Voltaire. Rapprochez de la Iʳᵉ *Lettre philosophique*, de *Candide*, de l'article « Guerre » du *Dictionnaire philosophique*. Montrez l'habileté de Voltaire à insérer dans la trame du conte des thèmes qui lui sont chers sans lui être particuliers. Où avons-nous déjà rencontré ce thème auparavant dans *Micromégas*?

Jean Dominique Cassini, qui donna en 1705
la théorie des satellites de Jupiter et de Saturne.

ces atomes pensants, pour savoir de quoi ils convenaient. « Combien comptez-vous, dit celui-ci, de l'étoile de la Canicule à la grande étoile des Gémeaux? » Ils répondirent tous à la fois. « Trente-deux degrés et demi. — Combien comptez-vous d'ici à la lune? — Soixante demi-diamètres de la terre en nombre rond. — Combien pèse votre air? » Il croyait les attraper, mais tous lui dirent que l'air pèse environ neuf cents fois moins qu'un pareil volume de l'eau la plus légère, et dix-neuf mille fois moins que l'or du ducat[1]. Le petit nain de Saturne, étonné de leurs réponses, fut tenté de prendre pour des sorciers ces mêmes gens auxquels il avait refusé une âme un quart d'heure auparavant.

Enfin Micromégas leur dit : « Puisque vous savez si bien ce qui est hors de vous, sans doute vous savez encore mieux ce qui est en dedans. Dites-moi ce que c'est que votre âme, et comment vous formez vos idées. » Les philosophes parlèrent tous à la fois comme auparavant; mais ils furent tous de différents avis. Le plus vieux citait Aristote, l'autre prononçait le nom de Descartes; celui-ci, de Malebranche; cet autre, de Leibniz; cet autre, de Locke. Un vieux péripatéticien[2] dit tout haut avec confiance : « L'âme est une entéléchie[3] et une raison par qui elle a la puissance d'être ce qu'elle est. C'est ce que déclare expressément Aristote, page 633 de l'édition du Louvre[4]. » Il cita le passage. « Je n'entends pas trop bien le grec, dit le géant. — Ni moi non plus, dit la mite philosophique. — Pourquoi donc, reprit le Sirien, citez-vous un certain Aristote en grec? — C'est, répliqua le savant, qu'il faut bien citer ce qu'on ne comprend point du tout dans la langue qu'on entend le moins. » (2)

---

1. De 1756 à 1775, toutes les éditions portent « dix-neuf cents fois moins que l'or... ». Ce sont les éditeurs de Kehl qui ont adopté la leçon « dix neuf mille fois moins que l'or... ». *Or du ducat* sert à désigner une pièce de monnaie d'or fin dont la valeur variait de 10 à 12 francs; 2. *Péripatéticien :* disciple ou sectataire d'Aristote; 3. *Entéléchie :* toute réalité parvenue à son point de perfection (terme aristotélicien); 4. *Édition du Louvre.* Il s'agit de l'édition de Guillaume du Val, publiée en 1619; « Il cita le passage » est la leçon de l'édition de 1752. L'édition de Berlin de 1750 cite en entier, à la place, une phrase d'Aristote (tirée du liv. II, chap. II, du traité *De l'âme*) qui signifie « ce dont l'essence enveloppe l'existence ».

─────── QUESTIONS ───────

2. Y a-t-il progression ou simplement changement de sujet par rapport au passage précédent? Relevez le comique final. — Que veut encore montrer Voltaire ici? Soulignez son habileté de propagandiste. — Qu'oppose exactement Voltaire à la formule d'Aristote? Que penser de cette façon de débattre un problème philosophique?

Le cartésien prit la parole et dit : « L'âme est un esprit pur qui a reçu dans le ventre de sa mère toutes les idées métaphysiques, et qui, en sortant de là, est obligée d'aller à l'école, et d'apprendre tout de nouveau ce qu'elle a si bien su et qu'elle ne saura plus. — Ce n'était donc pas la peine, répondit l'animal de huit lieues, que ton âme fût si savante dans le ventre de ta mère, pour être si ignorante quand tu aurais de la barbe au menton. Mais qu'entends-tu par esprit? — Que me demandez-vous là? dit le raisonneur; je n'en ai point d'idée; on dit que ce n'est pas la matière. — Mais sais-tu au moins ce que c'est que la matière? — Très bien, lui répondit l'homme. Par exemple cette pierre est grise, est d'une telle forme, a ses trois dimensions; elle est pesante et divisible. — Eh bien! dit le Sirien, cette chose qui te paraît divisible, pesante et grise, me diras-tu bien ce que c'est? Tu vois quelques attributs; mais le fond de la chose, le connais-tu? — Non, dit l'autre. — Tu ne sais donc point ce que c'est que la matière. »

Alors M. Micromégas, adressant la parole à un autre sage qu'il tenait sur son pouce, lui demanda ce que c'était que son âme, et ce qu'elle faisait. « Rien du tout, dit le philosophe malebranchiste; c'est Dieu qui fait tout pour moi; je vois tout en lui, je fais tout en lui; c'est lui qui fait tout sans que je m'en mêle. — Autant vaudrait ne pas être, reprit le sage de Sirius. — Et toi, mon ami, dit-il à un leibnitzien qui était là, qu'est-ce que ton âme? — C'est, répondit le leibnitzien, une aiguille qui montre les heures pendant que mon corps carillonne; ou bien si vous voulez, c'est elle qui carillonne pendant que mon corps montre l'heure; ou bien mon âme est le miroir de l'univers, et mon corps est la bordure du miroir : tout cela est clair. » (3)

─────── **QUESTIONS** ───────

3. Sur Descartes, rapprochez ce texte de la XIVe *Lettre philosophique*. — La critique de Malebranche est à rapprocher de ce passage des *Lettres philosophiques* : « M. Malebranche, de l'Oratoire, dans ses illusions sublimes, non seulement admit les idées innées; mais il ne doutait pas que nous ne vissions tout en Dieu et que Dieu pour ainsi dire ne fût notre âme. » A rapprocher aussi du chapitre VIII de *l'Ingénu*. — Enfin, Voltaire ne connaît guère Leibniz qu'à travers les œuvres de son élève Wolff et aussi à travers König, lequel convertit Mme du Châtelet au système des monades. L'exemple de la montre est authentiquement leibnizien; de même l'image du miroir : Leibniz définit l'âme *speculum concentrationis* (« miroir de concentration »). — En utilisant les documents ci-dessus, appréciez chacune des trois exécutions. Les causes de ces philosophes sont-elles mal défendues? Qualifiez les objections faites par Micromégas. Pourquoi est-ce à lui que Voltaire confie ce soin?

Un petit partisan de Locke était là tout auprès; et quand on lui eut enfin adressé la parole : « Je ne sais pas, dit-il, comment je pense, mais je sais que je n'ai jamais pensé qu'à l'occasion de mes sens. Qu'il y ait des substances immatérielles et intelligentes; c'est de quoi je ne doute pas : mais qu'il soit impossible à Dieu de communiquer la pensée à la matière, c'est de quoi je doute fort. Je révère la puissance éternelle; il ne m'appartient pas de la borner : je n'affirme rien; je me contente de croire qu'il y a plus de choses possibles qu'on ne pense. »

L'animal de Sirius sourit : il ne trouva pas celui-là le moins sage, et le nain de Saturne aurait embrassé le sectateur de Locke sans l'extrême disproportion. Mais il y avait là par malheur un petit animalcule en bonnet carré[1] qui coupa la parole à tous les autres animalcules philosophes; il dit qu'il savait tout le secret, que tout cela se trouvait dans la *Somme de saint Thomas*[2]; il regarda de haut en bas les deux habitants célestes; il leur soutint que leurs personnes, leurs mondes, leurs soleils, leurs étoiles, tout était fait uniquement pour l'homme. A ce discours nos deux voyageurs se laissèrent aller l'un sur l'autre en étouffant de ce rire inextinguible qui, selon Homère, est le partage des dieux; leurs épaules et leurs ventres allaient et venaient, et, dans ces convulsions, le vaisseau que le Sirien avait sur son ongle tomba dans une poche de la culotte du Saturnien. Ces deux bonnes gens le cherchèrent longtemps; enfin ils retrouvèrent l'équipage, et le rajustèrent fort proprement. Le Sirien reprit les petites mites; il leur parla encore avec beaucoup de bonté, quoiqu'il fût un peu fâché dans le fond du cœur de voir que les infiniment petits eussent un orgueil presque infiniment grand. Il leur promit de leur faire un beau livre de philosophie, écrit fort menu pour leur usage, et que, dans ce livre, ils verraient le bout des choses. Effectivement il leur donna ce volume avant son départ : on le porta à Paris, à l'Académie des sciences, mais quand le vieux secrétaire l'eut

---

1. A rapprocher de la XV⁰ *Lettre philosophique*; **2.** Descartes lui-même s'était dressé contre le thomisme; mais la philosophie libertine aux XVII⁰ et XVIII⁰ siècles s'était, elle aussi, acharnée : par exemple Cyrano avait dénoncé « l'orgueil insupportable des humains, qui leur persuade que la nature n'a été faite que pour eux » (*les Etats et Empires de la Lune*); Fontenelle : « la vanité des hommes qui s'étaient mis à la plus belle place de l'univers » (*Entretiens sur la pluralité des mondes*). Tout le monde est tellement opposé au thomisme que Voltaire peut se permettre de *rire* au lieu de *réfuter*.

ouvert, il ne vit rien qu'un livre tout blanc[1]. « Ah! dit-il, je m'en étais bien douté. » **(4) (5)**

---

1. Fontenelle a le mot de la fin : une profession d'agnosticisme! Les yeux des hommes voient les pages du livre du Destin toutes blanches parce que leurs yeux ne peuvent les lire (même symbole dans *Zadig*).

───── **QUESTIONS** ─────

4. Quel effet Voltaire tire-t-il de la litote : *il ne trouva pas celui-là le moins sage?* Justifiez sa préférence pour cette doctrine, compte tenu des idées de l'auteur. A la lumière des textes cités en notes, appréciez les attitudes des deux voyageurs en face du petit partisan de Locke. — Importance du mot de la fin : montrez qu'il met en lumière le sens philosophique du conte.

5. SUR L'ENSEMBLE DU CHAPITRE VII. — Montrez que ce chapitre est le plus long, le plus dense et le plus homogène tant pour le ton que pour le contenu. Pourquoi?

— Résumez en quelques mots les thèses qui tiennent le plus au cœur de Voltaire. Recherchez combien de fois elles ont été évoquées, plus ou moins brièvement, au cours de ce conte. Essayez de dire pourquoi Voltaire y est aussi attaché. Mettez en évidence les liens qui les unissent.

— Le mépris de Voltaire pour la métaphysique est-il dû à l'ignorance? Est-il la marque d'un manque d'intérêt pour les problèmes qu'elle agite?

— A quelle conclusion arrive-t-on finalement? Quelle est votre opinion?

L'INGÉNU
1767

NOTICE

CE QUI SE PASSAIT VERS 1767

■ *EN POLITIQUE.* **A l'intérieur** : *De 1764 à 1770. Ministère Choiseul.*
— 1764. Mort de Mme de Pompadour. Condamnation de la famille Sirven.
*— 1766. Mort de Stanislas Leszczynski et rattachement de la Lorraine à
la France. Début du voyage de Bougainville dans les mers australes. —
1767. Les jésuites sont expulsés de France. Révision du procès Sirven.*

A l'extérieur : *1762. Avènement de Catherine II en Russie. — 1763. Les
traités de Paris et d'Hubertsbourg terminent la guerre de Sept Ans. En
Angleterre, début de l'affaire Wilkes. — 1764. Les troupes russes occupent
la Pologne. — 1765. Au Danemark, mort de Frédéric V et avènement de
Christian VII. — 1767. En Russie, Catherine II convoque la « Grande
Commission », composée des députés des diverses classes de la société.
Les jésuites sont expulsés d'Espagne.*

■ *EN LITTÉRATURE* : *1762-1767. J.-J. Rousseau rédige la première
partie des Confessions. — 1764. Dictionnaire philosophique de Voltaire.
— 1765. Fin de l'impression des dix derniers volumes de l'Encyclopédie.
— 1766. Voltaire fait paraître la Relation de la mort du chevalier de
La Barre. — 1767. Beaumarchais : Eugénie, drame bourgeois. En Allemagne, Lessing publie Minna von Barnhelm, comédie sérieuse.*

■ *DANS LES ARTS ET DANS LES SCIENCES* : *En musique, l'Italie
est en train de perdre sa suprématie au profit de l'Allemagne et de l'Autriche. — Dans les arts plastiques ce sont encore la France et l'Italie qui
dominent, mais l'art anglais commence à être connu. — 1764. A Paris,
Soufflot commence la construction du Panthéon. Mort de Jean-Philippe
Rameau. — 1765. Greuze peint la Malédiction paternelle et le Fils puni.
— 1766. Cavendish isole l'hydrogène. — 1767. Expérience de Watt sur
la machine à vapeur. Alceste de Gluck est représenté à Vienne. Mort de
Telemann.*

ANALYSE

Une intrigue consistante, mais subordonnée à la mise en valeur
d'idées. — 1689 : politiquement, religieusement, l'autorité de Louis XIV

se fait pesante; au prieuré de Notre-Dame de la Montagne vit un cercle local : le prieur, abbé de Kerkabon, sa sœur célibataire, l'abbé de Saint-Yves, sa sœur, plus attrayante et plus jeune que M¹ˡᵉ de Kerkabon, une manière de juge de paix peu sympathique, l'« interrogant bailli ». Survient au milieu de cette société assez fermée le personnage principal : c'est un Huron, et il sait le français; coïncidence moliéresque, on s'aperçoit qu'il est le fils du frère et de la belle-sœur de l'abbé de Kerkabon, perdus de vue depuis vingt ans (chap. I et II). La naïveté de l'Ingénu est prétexte à de vifs dialogues; des situations cocasses sortent de son obstination à interpréter à la lettre des textes de la Bible qu'on lui a donnés à lire : il prétend notamment recevoir le baptême par immersion totale! Et on a grand-peine à l'empêcher d'épouser immédiatement et selon la loi naturelle M¹ˡᵉ de Saint-Yves, dont il s'est épris; sur le conseil de l'« interrogant bailli », la malheureuse est enfermée dans un couvent (chap. III à VI). Sur ces entrefaites le Huron se distingue en intervenant héroïquement contre des troupes anglaises brusquement débarquées, et celles-ci sont repoussées. Il prend la route de Versailles pour recevoir une récompense des mains du roi. Il fait étape à Saumur (ville ruinée par la révocation de l'édit de Nantes, qui ne date que de quatre ans), tient des propos imprudents, qui sont dénoncés par un espion jésuite au père de La Chaise, confesseur du roi. A Paris, il est embastillé (chap. VII à IX). Le Huron est enfermé dans la même cellule qu'un vieux janséniste nommé Gordon : le P. Gordon lui fait découvrir la physique, la géométrie, l'histoire, l'astronomie, la philosophie de Malebranche, la littérature (chap. X à XIV). Dans le même temps, le groupe du prieuré, y compris M¹ˡᵉ de Saint-Yves, qui a aidé à l'arrestation de l'Ingénu, se met en quête. M¹ˡᵉ de Saint-Yves est reçue par M. de Saint-Pouange, cousin et favori de Louvois. Elle obtient la libération de son amant, mais doit accorder ses faveurs au ministre (chap. XV à XVIII). L'épilogue est larmoyant : on se retrouve en Basse-Bretagne : M¹ˡᵉ de Saint-Yves, tenaillée par le remords, meurt, au moment même où une lettre, rédigée par un homme de confiance du père de La Chaise, promet à l'Ingénu la plus brillante carrière. Il devient officier de Louvois. Moralité sarcastique : « Malheur est bon à quelque chose. »

DES SOUVENIRS LIVRESQUES

Voltaire se sert de la documentation monumentale amassée pour le *Siècle de Louis XIV*, pour l'*Essai sur les mœurs*, pour le *Dictionnaire philosophique* dit *portatif*, pour les *Honnêtetés littéraires*, pour *Cosi sancta*, pour *Candide*; il a lu avec intérêt *la Fable des abeilles* de Mandeville, dont la traduction occupait Mᵐᵉ du Châtelet dans le même temps où notre philosophe composait *l'Ingénu*; une formule comme celle-ci devait l'émouvoir : *The unconventional man is the brute, the savage... The conventional man is the fine gentlemen* (« L'homme qui ne connaît pas la vie en société est la brute, le sauvage... C'est le civilisé qui est digne de porter le nom d'homme »). Les *Lettres d'un sauvage dépaysé à son correspondant en Amérique*, contenant une critique des mœurs du siècle et des réflexions sur les matières de religion et de politique, de J. Joubert de La Rue, développent plusieurs thèmes de *l'Ingénu*; dans les *Lettres iroquoises* de Maubert de Gouvest (1752) émergent par places des formules voltairiennes : les dogmes religieux sont qualifiés de « prodigieux et inconcevables »; les couvents sont désignés comme « maisons dites sacrées »; les discussions sur la grâce aboutissent à « une très grande indifférence, pour ne pas dire quelque chose de plus ». Le héros de ce roman par lettres, Igli, est embastillé pour avoir dit des religieuses d'un couvent : « Apparemment, mon cher Alha, qu'ils n'ont pas grande opinion de leur vertu, puisqu'ils leur donnent des barrières formidables et inaccessibles aux humains »; en prison, un janséniste lui apprend le latin, l'instruit de « la grâce efficace et de l'inefficacité de la grâce suffisante ». Igli déplore longuement l'intolérance religieuse, l'ingratitude des rois et l'ignorance des médecins. De même, le thème du « bon sauvage » se trouve développé, par exemple, dans les *Nouveaux Voyages de M. le baron de La Hontan dans l'Amérique septentrionale*, où intervient un dialogue entre l'auteur et un sauvage, Adario; dans *l'Espion américain en Europe ou Lettres illinoises* (Londres, 1766); et il est vraisemblable que Voltaire les a lus, car ils figurent dans la bibliothèque acquise par Catherine II en 1778. Enfin, la trame purement romanesque est à rapprocher de *l'Histoire de Mme de Luz*, de Charles Pinot-Duclos, dont l'héroïne meurt un peu comme Mlle de Saint-Yves; cette fin évoque aussi celle de Manon. Et il y a naturellement quelques souvenirs des *Lettres persanes*. Pour reprendre une expression voltairienne, il est allé prendre du feu un peu chez tous les voisins.

L'ACTUALITÉ

Les grands problèmes en discussion, les événements récents, des contemporains que quelques lecteurs ont pu connaître, un tableau de la France à l'époque de la révocation de l'édit de Nantes, autant d'éléments actuels qui font qu'une fois de plus on a dû lire Voltaire comme les articles d'un magazine. On entrevoit Louvois, Bossuet, Fénelon, le P. de La Chaise, l'archevêque Harlay de Champvallon; on reconnaît le duc de Choiseul et aussi, personnage abhorré des philosophes, le comte de Saint-Florentin, alias « M. de Saint-Pouange ».

D'autre part, c'est du Canada que débarquent les voyageurs imaginaires : précisément le traité de Paris est tout récent, et l'on rêve encore au théâtre des désastres militaires...

Cette satire politique se mêle d'ailleurs à la satire sociale : les faiblesses du « système » maintenu de force par le pouvoir (inégalités, injustices de toutes sortes) défilent sous des yeux d'autant plus attentifs que les *Lettres persanes*, *l'Esprit des lois*, les premiers volumes de l'*Encyclopédie* ont préparé le terrain : « Bénissons cette heureuse révolution qui s'est faite dans l'esprit de tous les honnêtes gens depuis quinze ou vingt années », écrivait Voltaire dès 1767 à d'Alembert. Et, le 14 août 1767, au prince de Galitzine : « Il s'est fait depuis environ quinze ans une révolution dans les esprits qui fera une grande époque. Les cris des pédants annoncent ce grand changement, comme le croassement des corbeaux annonce le beau temps. » Une partie importante du conte est consacrée aux lettres de cachet : sur le fonctionnement de l'institution, Voltaire est exactement documenté; son camarade de Louis-le-Grand, d'Argenson, dirigea ce département de 1749 à 1757; le service était tentaculaire (et *l'Ingénu* précisément en fait la triste expérience). Le ministre Saint-Florentin avait la réputation d'un grand délivreur de lettres de cachet. Au moment où Voltaire achevait la composition du conte, des remontrances de la Cour des aides venaient de paraître : le rédacteur du chapitre concernant l'abus auquel s'en prend Voltaire n'est autre que Malesherbes. Voici ce qu'on lit : « Aujourd'hui on les [les lettres de cachet] croit nécessaires toutes les fois qu'un homme du peuple a manqué au respect dû à une personne considérable, comme si les gens puissants n'avaient pas déjà assez d'avantages... Les ordres signés de Votre Majesté sont souvent remplis de noms obscurs que Votre Majesté n'a jamais pu connaître. Ces ordres sont à la disposition de vos ministres, et nécessairement de leurs conseils, vu le grand nombre qui s'en expédie. On les confie aux administrateurs de la capitale et des provinces, qui ne peuvent les distribuer que sur le rapport de leurs subdélégués ou d'autres subalternes... Il en résulte, Sire, qu'aucun citoyen dans votre royaume n'est assuré de ne pas voir sa liberté sacrifiée à une vengeance... » A cet égard, encore, l'auteur de *l'Ingénu* était exactement dans le vent : à partir de 1774 (renvoi de Saint-Florentin), les lettres de cachet se firent plus rares; le 23 juin 1789, Louis XVI les abolit définitivement.

UNE ŒUVRE DE VULGARISATION

Voltaire cherche à illustrer les thèmes philosophiques développés notamment dans *le Mondain* et dans le *Poème sur la loi naturelle*. Il en profite pour renouveler et modifier complètement le lieu commun du « bon sauvage », cher notamment à Jean-Jacques Rousseau; ici le « bon sauvage » n'est pas « bon » du fait qu'il est sauvage (n'est-il pas en réalité français par le sang?) : il devient bon au contact de la civilisation et surtout grâce aux leçons de philosophie qu'on lui prodigue. A cet égard, on peut confronter l'ensemble du conte avec l'article « Homme » du *Dictionnaire philosophique* (composé entre 1752 et 1764) : « Quelques mauvais plaisants ont abusé de leur esprit jusqu'au point de hasarder le paradoxe étonnant que l'homme est originairement fait pour vivre seul comme un loup-cervier, et que c'est la société qui a dépravé la nature. Autant voudrait-il dire que, dans la mer, les harengs sont originairement faits pour nager isolés, et que c'est par un effet de corruption qu'ils passent en troupes de la mer Glaciale sur nos côtes; qu'anciennement les grues volaient en l'air chacune à part et que, par une violation du droit naturel, elles ont pris le parti de voyager de compagnie. Chaque animal a son instinct; et l'instinct de l'homme, fortifié par la raison, le porte à la société comme au manger et au boire. Loin que le besoin de la société ait dégradé l'homme, c'est l'éloignement de la société qui le dégrade. Quiconque vivrait absolument seul perdrait bientôt la faculté de penser et de s'exprimer; il serait à charge à lui-même; il ne parviendrait qu'à se métamorphoser en bête. L'excès d'un orgueil impuissant qui s'élève contre l'orgueil des autres peut porter une âme mélancolique à fuir les hommes. C'est alors qu'elle s'est dépravée. Elle s'en punit elle-même : son orgueil fait son supplice; elle se ronge dans la solitude du dépit secret d'être méprisée et oubliée; elle s'est mise dans le plus horrible esclavage pour être libre. » De même, les discussions instituées au XVIIIᵉ siècle à propos de l'optimisme leibnizien sont repensées et une moralité beaucoup plus dynamique, plus agressive aussi se dégage de l'aventure à demi-tragique du « bon » Huron : il faut lutter contre l'oppression administrative du régime absolutiste, contre le fanatisme, contre l'intransigeance, contre la philosophie dangereuse de Jean-Jacques Rousseau. Et Voltaire met en pratique pour son propre compte le conseil qu'il donnait à d'Alembert (Lettre du 5 avril 1765) : « Jamais vingt volumes in-folio ne feront de révolution : ce sont les petits livres portatifs à trente sous qui sont à craindre. Si l'Évangile avait coûté douze cents sesterces, jamais la religion chrétienne ne se serait établie. »

UN ROMAN LARMOYANT

Le succès de *Manon Lescaut* (l'édition d'Amsterdam est de 1731) avait d'autant plus ému Voltaire qu'en octobre 1733 le *Journal de la cour et de la ville* avait imprimé : « Il [l'abbé Prévost] peint à merveille : il est en prose et que Voltaire est en vers. »

Depuis, et du même abbé Prévost, deux adaptations de deux œuvres de Richardson, *Lettres anglaises ou Histoire de miss Clarisse Harlowe* et *Nouvelles Lettres anglaises ou Histoire du cavalier Grandison* (1751-1755), ont connu de forts tirages. Voltaire lui-même, à un moment, a étudié de très près un autre roman par lettres de Richardson, *Paméla*. Tout en se gaussant des longueurs larmoyantes de ces œuvres (les sarcasmes reparaîtront en 1761, lors du succès de *la Nouvelle Héloïse*), Voltaire a rêvé d'écrire un roman « dans le style de *Paméla* », et l'on s'est demandé si une partie de la correspondance de Voltaire publiée à Kehl n'était pas précisément constituée par des débris de l'œuvre abandonnée. Faut-il s'étonner de l'intérêt apporté par l'auteur de *l'Ingénu* aux thèmes sentimentaux? A cet égard, comme à tous les autres, les sources livresques sont largement dépassées : comme le note William R. Jones (*l'Ingénu, histoire véritable*, p. 28), « le récit grave de la mort de la belle Saint-Yves a déplu aux uns, suscité l'admiration des autres, mais tout le monde est d'accord pour y voir quelque chose de bien original chez Voltaire : une vraie page de roman, calculée pour provoquer notre émotion ». D'ailleurs, le bibliographe de notre philosophe, Bengesco, ne s'y était pas trompé : signalant l'*Histoire de M*ᵐᵉ *de Luz* de Charles Pinot-Duclos et notamment son dernier chapitre comme une source livresque possible de *l'Ingénu*, il ajoute aussitôt que le personnage de Mᵐᵉ de Luz, « peu intéressant en somme, n'a rien de ce charme ingénu, de cette grâce pudique, de cette fraîcheur de sentiments et de cette délicatesse de conscience qui rendent si sympathique et si digne de pitié la belle et touchante Mˡˡᵉ de Saint-Yves ». Et les préceptes que Voltaire prodigue à ses interprètes, notamment à Lekain et à Mˡˡᵉ Clairon, concernant l'expression des sentiments sur la scène, ont en partie trouvé leur application dans *l'Ingénu*.

UNE INFLUENCE PERSISTANTE

Durant la Restauration s'épanouit en France la famille d'esprits des « vieux voltairiens ». L'un d'eux mérite estime et sympathie : M. de Jouy fut un second M. de Voltaire; à ce dernier, il avait édifié un temple dans son jardin; à son grand homme, il prit, outre le goût de s'essayer dans tous les arts, l'idée des « petits pâtés » : la suite des *Hermites,* dont les numéros rappellent *le Spectateur* d'Addison et les chapitres pittoresques et truffés d'« idées philosophiques » des contes voltairiens. Il en sortit les « Observations sur les mœurs et les usages français au commencement du XIXᵉ siècle », ouvrage satirique à travers lequel on voyait vivre et s'agiter une société très XVIIIᵉ siècle; et la censure s'en prit aux ouvrages « dont le titre très innocent semblait devoir leur ouvrir l'accès des boudoirs plutôt que celui des cabinets de lecture, glissant dans leurs colonnes, sous divers déguisements, des articles de morale ou de politique, des articles souvent très répréhensibles ». Dans le salon de M. de Jouy, on chanta l'apostrophe très voltairienne de Béranger à ses propres poèmes : « L'humble format sut plaire... Il se fourrait jusque dans la besace de l'indigent dont il séchait les pleurs... »

UNE DIFFUSION QUI DÉBORDE LES FRONTIÈRES

Par exemple, en Grande-Bretagne, l'auteur de *l'Ingénu* fait école : un disciple se distingue dès la fin du siècle, Robert Bage; il écrit notamment un conte philosophique, *Hermsprong* (1796), critique sociale, comparaison entre les diverses pratiques religieuses, attaques contre les abus (Bage souligne la vénalité des ministres du culte anglican), protestations contre un certain arbitraire (en Grande-Bretagne, on ne pouvait comme en France attenter à la liberté d'un citoyen, mais il était possible de le traduire en jugement, et malheur à qui ne connaissait pas les lois!), suggestions diverses un peu dans tous les domaines; les thèmes voltairiens sont partout présents. La critique anglaise discerne l'influence. Ainsi, sous la plume de sir Walter Scott, paraissent dans la *Quarterly Review* de septembre 1826 les lignes suivantes : *He acquired the french language from books alone, without any instructor; and his familiarity with it is evinced by his frequent, perhaps too frequent use of it...* (« Sa connaissance du français est livresque; il n'a pas eu de maître; il possède la langue à un point qu'on mesure au nombre peut-être excessif d'expressions françaises auxquelles il recourt »). On distingue dans *Hermsprong* un procédé familier à Voltaire : faire éclater le christianisme en introduisant un personnage qui essaie de l'enseigner à des êtres en voie de développement, mais raisonnant plus sainement que lui. Bage montre ainsi la mère d'Hermsprong tentant de convertir un chef de tribu dans la région de Philadelphie (région qui, d'ailleurs, suscitait la curiosité de Voltaire). Et l'intrigue est bien voisine de celle de *l'Ingénu*. Il n'en fallait pas davantage pour faire écrire à Walter Scott : *He resembled Voltaire and Diderot who made their most formidable assaults on the system of religion and politics which they assailed by embodying their objections in popular narratives* (« Sa manière est proche de celle de Voltaire et de Diderot : leurs plus formidables attaques contre l'ordre religieux et social ont revêtu la forme de contes ») [Walter Scott, *Miscellaneous Works*, Edinburgh, 1871, t. III, p. 451]. Ainsi et d'abord par les contes de Voltaire, du genre de *l'Ingénu*, se diffusèrent *the abominable doctrines of the french philosophers* (« les doctrines abominables des philosophes français »). Sur l'ensemble de la question se reporter à l'ouvrage de sir Curton Collins, *Voltaire, Montesquieu and Rousseau in England* (London, 1908).

Pierre Louis Moreau de Maupertuis, qui contrôla en Laponie
les mesures de la terre données par Newton.

"Qui a une sincérité innocente et naïve"

L'INGÉNU

Histoire véritable, tirée des manuscrits du P. Quesnel[1]

1767

CHAPITRE PREMIER

*Comment le prieur de Notre-Dame de la Montagne
et Mademoiselle sa sœur rencontrèrent un Huron.*

Un jour, saint Dunstan[2], irlandais de nation et saint de
profession, partit d'Irlande sur une petite montagne qui vogua
vers les côtes de France et arriva, par cette voiture, à la baie
de Saint-Malo. Quand il fut à bord, il donna la bénédiction
à sa montagne[3], qui lui fit de profondes révérences, et s'en
retourna en Irlande par le même chemin qu'elle était venue.

Dunstan fonda un petit prieuré dans ces quartiers-là, et lui
donna le nom de prieuré de la Montagne, qu'il porte encore,
comme un chacun sait. (1)

En l'année 1689[4], le 15 juillet au soir, l'abbé de Kerkabon,
prieur de Notre-Dame de la Montagne, se promenait sur le
bord de la mer avec Mlle de Kerkabon, sa sœur, pour prendre
le frais. Le prieur, déjà un peu sur l'âge, était un très bon

---

1. Le *P. Quesnel* : oratorien du XVIIe siècle, condamné pour ses *Réflexions morales
sur le Nouveau Testament*; 2. *Saint Dunstan*, personnage historique (924-988), né
à Glastonbury, vécut longtemps dans le monastère de cette ville anglaise, tenu par
des moines irlandais; sa carrière fut brillante : il fut successivement évêque de
Worcester, de Londres et de Canterbury. Aucun document n'indique qu'il ait jamais
résidé en Irlande ni en France; 3. Dans les *Questions sur les miracles*, XIIe lettre,
plaisanterie analogue sur la montagne de Saint-Dunstan; 4. *1689* est l'année où
Guillaume III devient roi d'Angleterre (il a, au préalable, prêté serment : il s'est
engagé à respecter la *Déclaration des droits*); c'est aussi l'année où s'engagent les
hostilités entre la France et l'Angleterre.

■ QUESTIONS

1. Montrez comment, dès le prologue, l'auteur fait rire en mêlant
aux allusions historiques authentiques et aux données géographiques
réelles les détails les plus fantaisistes. Qu'y a-t-il de comique dans
l'expression *comme un chacun sait*? Relevez d'autres exemples de
comique de style.

Les deux Lapones ramenées par la mission scientifique de Maupertuis
excitèrent plus l'intérêt du public que tous les calculs des géomètres.

Gravures de Picart pour l'*Histoire des religions et des mœurs de*

Funérailles des Lapons (page précédente) et Lapon en extase le
tambour magique sur le dos avant de prédire l'avenir (ci-dessus).
tous les peuples de J. F. Bernard. Paris, Bibliothèque nationale.

ecclésiastique, aimé de ses voisins. Ce qui lui avait donné surtout une grande considération, c'est qu'il était le seul bénéficier[1] du pays qu'on ne fût pas obligé de porter dans son lit quand il avait soupé avec ses confrères. Il savait assez honnêtement de théologie; et, quand il était las de lire saint Augustin, il s'amusait avec Rabelais : aussi tout le monde disait du bien de lui. (2)

Mlle de Kerkabon, qui n'avait jamais été mariée, quoiqu'elle eût grande envie de l'être, conservait de la fraîcheur, à l'âge de quarante-cinq ans. Son caractère était bon et sensible[2]! elle aimait le plaisir et était dévote.

Le prieur disait à sa sœur, en regardant la mer : « Hélas : c'est ici que s'embarqua notre pauvre frère avec notre chère belle-sœur Mme de Kerkabon, sa femme, sur la frégate *l'Hirondelle*, en 1669, pour aller servir en Canada[3]. S'il n'avait pas été tué, nous pourrions espérer de le revoir encore.

— Croyez-vous, disait Mlle de Kerkabon, que notre belle-sœur ait été mangée par les Iroquois[4], comme on nous l'a dit ?
— Il est certain que, si elle n'avait pas été mangée, elle serait revenue au pays... Je la pleurerai toute ma vie... C'était une femme charmante; et notre frère, qui avait beaucoup d'esprit, aurait fait assurément une grande fortune. » (3)

---

1. *Bénéficier* : titulaire de dignités ecclésiastiques; un *bénéfice*, en effet, est ainsi défini par le dictionnaire de l'Académie de 1694 : « Titre ou dignité ecclésiastique, accompagnée de revenu. » Il se dit des évêchés, abbayes, chanoinies, cures, etc; 2. La sensibilité est un trait dominant chez les héroïnes et chez les héros de romans au XVIIIe siècle. L'influence de Richardson et de sa *Paméla* (Voltaire lui-même n'a-t-il pas songé à écrire un roman par lettres « dans le style de *Paméla* »?) est encore vive au moment de la composition de *l'Ingénu*; 3. L'établissement de la France au Canada remonte à Henri IV; en 1669, on est à la veille de la fondation de la Louisiane et l'on explore la vallée du Mississippi; 4. Ce détail est à rapprocher d'un roman par lettres publié en 1752 par Maubert de Gouvest, *les Lettres iroquoises*; le peuple iroquois est alors un objet de curiosité : il s'agit d'Indiens Peaux-Rouges vivant dans la vallée de l'Ohio et sur les rives des lacs Erié et Ontario.

--- **QUESTIONS** ---

2. Quelle impression se dégage du portrait de l'abbé de Kerkabon? Après avoir été réticent à l'égard de Rabelais, Voltaire en vient à un jugement assez favorable, voyant en lui un auxiliaire précieux pour la propagande philosophique. Analysez les raisons pour lesquelles le philosophe le cite ici, surtout si l'on tient compte du personnage de Kerkabon et du rapprochement fait avec saint Augustin.

3. Comparez le frère et la sœur. Quelles contradictions apparentes Voltaire met-il chez cette dernière? Montrez que c'est une malice et non une malveillance. Faites la preuve que, jusqu'ici, tous les personnages sont sympathiques : que faut-il en déduire concernant l'esprit satirique de Voltaire?

Comme ils s'attendrissaient l'un et l'autre à ce souvenir, ils virent entrer dans la baie de Rance un petit bâtiment qui arrivait avec la marée : c'étaient des Anglais qui venaient vendre quelques denrées de leur pays. Ils sautèrent à terre, sans regarder M. le prieur, ni Mlle sa sœur, qui fut très choquée du peu d'attention qu'on avait pour elle.

Il n'en fut pas de même d'un jeune homme très bien fait, qui s'élança d'un saut par-dessus la tête de ses compagnons, et se trouva vis-à-vis mademoiselle. Il lui fit un signe de tête, n'étant pas dans l'usage de faire la révérence. Sa figure et son ajustement attirèrent les regards du frère et de la sœur. Il était nu-tête et nu-jambes, les pieds chaussés de petites sandales, le chef orné de longs cheveux en tresses, un petit pourpoint qui serrait une taille fine et dégagée, l'air martial et doux. Il tenait dans sa main une petite bouteille d'eau des Barbades[1], et dans l'autre une espèce de bourse dans laquelle étaient un globe[2] et de très bons biscuits de mer[3]. Il parlait français fort intelligiblement. Il présenta de son eau des Barbades à Mlle de Kerkabon et à monsieur son frère ; il en but avec eux ; il leur en fit reboire encore, et cela d'un air si simple et si naturel, que le frère et la sœur en furent charmés. Ils lui offrirent leurs services, en lui demandant qui il était et où il allait. Le jeune homme leur répondit qu'il n'en savait rien, qu'il était curieux, qu'il avait voulu voir comment les côtes de France étaient faites, qu'il était venu et allait s'en retourner.

M. le prieur, jugeant à son accent qu'il n'était pas Anglais, prit la liberté de lui demander de quel pays il était. « Je suis Huron », lui répondit le jeune homme. **(4)**

---

1. Eau-de-vie, spécialité de la Barbade, île des Antilles ; 2. *Globe :* gobelet ;
3. *Biscuit de mer :* pain sec, dur et peu levé, susceptible d'une longue conservation ; il fait partie de l'ordinaire des marins.

──────── **QUESTIONS** ────────

4. L'art du récit : montrez comment, à l'égard du Huron, chaque personnage a une attitude originale. Comment la sensibilité du prieur et de Mlle de Kerkabon prépare-t-elle la suite des événements ? Relevez les traits de couleur locale : la Bretagne ; le « sauvage ». Analysez l'effet dramatique produit par la révélation du passager : « *Je suis Huron.* » — Le thème du sauvage venant en France prendre une connaissance précise de nos mœurs et s'en retournant, sa curiosité satisfaite, est bien connu du public lors de la composition de *l'Ingénu*. Ex. : Maubert de Gouvest, *les Lettres iroquoises* (1752) ; Joubert de La Rue, *Lettres d'un sauvage dépaysé à son correspondant en Amérique* (1746). D'après ces indications, quel peut être l'effet produit sur le lecteur du XVIIIe siècle. Précisez sa réaction affective à l'égard de ce Huron ?

Mlle de Kerkabon, étonnée et enchantée de voir un Huron qui lui avait fait des politesses, pria le jeune homme à souper; il ne se fit pas prier deux fois, et tous trois allèrent de compagnie au prieuré de Notre-Dame de la Montagne.

La courte et ronde demoiselle le regardait de tous ses petits yeux, et disait de temps en temps au prieur : « Ce grand garçon-là a un teint de lis et de rose!... Qu'il a une belle peau pour un Huron! — Vous avez raison, ma sœur », disait le prieur. Elle faisait cent questions coup sur coup, et le voyageur répondait toujours fort juste.

Le bruit se répandit bientôt qu'il y avait un Huron au prieuré. La bonne compagnie du canton s'empressa d'y venir souper. L'abbé de Saint-Yves y vint avec Mlle sa sœur, jeune Basse-Brette[1] fort jolie et très bien élevée. Le bailli[2], le receveur des tailles[3] et leurs femmes furent du souper. On plaça l'étranger entre Mlle de Kerkabon et Mlle de Saint-Yves. Tout le monde le regardait avec admiration; tout le monde lui parlait et l'interrogeait à la fois; le Huron ne s'en émouvait pas, il semblait qu'il eût pris pour sa devise celle de milord Bolingbroke[4] : *Nihil admirari*. Mais, à la fin, excédé de tant de bruit, il leur dit, avec assez de douceur, mais avec un peu de fermeté : « Messieurs, dans mon pays, on parle l'un après l'autre : comment voulez-vous que je vous réponde, quand vous m'empêchez de vous entendre? » La raison fait toujours rentrer les hommes en eux-mêmes pour quelques moments : il se fit un grand silence. M. le bailli, qui s'emparait toujours des étrangers dans quelque maison qu'il se trouvât, et qui était le plus grand questionneur de la province, lui dit, en ouvrant la bouche d'un demi-pied : « Monsieur, comment vous nommez-vous? — On m'a toujours appelé l'Ingénu, reprit

---

1. Femme de la Basse-Bretagne (terme vieilli à l'époque de Voltaire) en ce sens; 2. Le *bailli*, à l'époque de Voltaire, représentait le roi dans une province; son importance allait décroissant; 3. *Tailles* : impôts directs. Le dictionnaire de l'Académie de 1694 note que le mot « se dit encore d'une certaine imposition de deniers qui se lève sur le peuple ». Il y a lieu de distinguer la « taille personnelle », qui « s'impose et se lève par tête », et la « taille réelle », qui « se lève et s'impose sur les terres et possessions ». Nobles et clercs y échappaient; 4.

    Nihil admirari prope res est una, Numici,
      Solaque, quae possit facere et servare beatum (Horace, *Épîtres*, I, 6).

« Ne s'étonner de rien est sans doute la seule et unique attitude, mon cher Numicus, qui puisse apporter et conserver le bonheur. » Telle était la devise de milord Bolingbroke, dont l'aversion pour la métaphysique et l'irréligion avaient de longue date séduit Voltaire : dès 1722, la mère de son camarade d'Argental, Mme de Ferriol, avait présenté Voltaire à l'illustre tory.

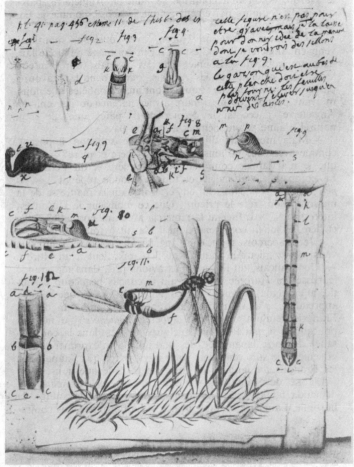

« ... ce que Réaumur a disséqué. »

Planche manuscrite illustrant les *Mémoires pour servir
à l'histoire des insectes* (1742) de Réaumur.

son nom

le Huron, et on m'a confirmé ce nom en Angleterre, parce que je dis toujours naïvement ce que je pense, comme je fais tout ce que je veux.

— Comment, étant né Huron, avez-vous pu, monsieur, venir en Angleterre? — C'est qu'on m'y a mené : j'ai été fait, dans un combat, prisonnier par les Anglais, après m'être assez bien défendu; et les Anglais, qui aiment la bravoure, parce qu'ils sont braves et qu'ils sont aussi honnêtes que nous, m'ayant proposé de me rendre à mes parents ou de venir en Angleterre, j'acceptai le dernier parti, parce que, de mon naturel, j'aime passionnément à voir du pays.

— Mais monsieur, dit le bailli, avec son ton imposant, comme avez-vous pu ainsi abandonner père et mère? — C'est que je n'ai jamais connu ni père, ni mère », dit l'étranger. La compagnie s'attendrit, et tout le monde répétait : « *Ni père, ni mère?* — Nous lui en servirons! dit la maîtresse de la maison à son frère le prieur... Que ce monsieur le Huron est intéressant!... » L'Ingénu la remercia avec une cordialité noble et fière, et lui fit comprendre qu'il n'avait besoin de rien.

« Je m'aperçois, monsieur l'Ingénu, dit le grave bailli, que vous parlez mieux le français qu'il n'appartient à un Huron. — Un Français, dit-il, que nous avions pris, dans ma grande jeunesse, en Huronie, et pour qui je conçus beaucoup d'amitié, m'enseigna sa langue : j'apprends très vite ce que je veux apprendre... J'ai trouvé, en arrivant à Plymouth, un de vos Français réfugiés, que vous appelez *huguenots*[1], je ne sais pourquoi : il m'a fait faire quelques progrès dans la connaissance de votre langue; et, dès que j'ai pu m'exprimer intelligiblement, je suis venu voir votre pays, parce que j'aime assez les Français... quand ils ne font pas trop de questions. » **(5)**

L'abbé de Saint-Yves, malgré ce petit avertissement, lui demanda laquelle des trois langues lui plaisait davantage, la huronne, l'anglaise ou la française. « La huronne, sans contre-

---

1. « Il y avait depuis longtemps deux partis dans la ville [Genève], celui des protestants et celui des romains; les protestants s'appelaient *egnots*, du mot *Eidgnossen*, *alliés* par serment. Les egnots, qui triomphèrent, attirèrent à eux une partie de la faction opposée et chassèrent le reste : de là vient que les réformés de France eurent le nom *egnots* ou *huguenots;* terme dont la plupart des écrivains français inventèrent depuis de vaines origines » (Voltaire, *Essai sur les mœurs*, M. XII 304).

——— QUESTIONS ———

Question **5**, voir page 69.

dit, répondit l'Ingénu. — Est-il possible? s'écria Mlle de Ker-kabon; j'avais toujours cru que le français était la plus belle de toutes les langues après le bas-breton. » (6)

Alors ce fut à qui demanderait à l'Ingénu comment on disait en huron du tabac, et il répondait *taya*[1] ; comment on disait manger, et il répondait *essenten*. Mlle de Kerkabon voulut absolument savoir comment on disait faire l'amour, il lui répondit *trovander*, et soutint non sans apparence de raison que ces mots-là valaient bien les mots français et anglais qui leur correspondaient. *Trovander* parut très joli à tous les convives.

M. le prieur, qui avait dans sa bibliothèque la grammaire huronne, dont le révérend P. Sagard Théodat, récollet[2], fameux missionnaire, lui avait fait présent, sortit de table un moment pour l'aller consulter. Il revint tout haletant de tendresse et de joie; il reconnut l'Ingénu pour un vrai Huron. On disputa un peu sur la multiplicité des langues, et on convint que, sans

---

1. La leçon de huron est authentique : Voltaire utilise un ouvrage du frère Gabriel Théodat, mineur récollet, intitulé *Grand Voyage au pays des Hurons avec un diction-naire de la langue huronne* (Paris, 1632). Les trois mots sont tirés du dictionnaire. Dans l'*Encyclopédie*, à l'article « Hurons », on peut lire : « La langue de ces sau-vages est gutturale et très pauvre, parce qu'ils n'ont connaissance que d'un petit nombre de choses »; 2. *Récollet* (du latin *recollectum*, recueilli) : lorsque chez les Franciscains intervint la réforme de l'étroite observance (1480), l'ordre se scinda en deux : les *Mineurs observants réformés* en Italie; les *Mineurs récollets* en Espagne. Ces derniers firent leur apparition à Paris en 1603. Léon XIII ramena ces deux ordres à l'unité des *Frères mineurs*.

━━━ QUESTIONS ━━━

5. L'art du dialogue : c'est au cours d'un long dialogue que le Huron raconte son histoire : montrez l'importance à cet égard du caractère de l'abbé de Saint-Yves. — Le dialogue est varié : indiquez-en les diffé-rents mouvements. Il est pittoresque : relevez quelques gestes, des atti-tudes, des caricatures. — Le thème du *souper* apparaît fréquemment sous la plume de Voltaire : pourquoi? Citez-en d'autres exemples. — Comment Voltaire procède-t-il pour faire peu à peu de l'Ingénu le per-sonnage central du conte et un personnage très sympathique. Que prépare-t-il ainsi? — L'éloge de l'Angleterre : Voltaire revient constam-ment sur ce thème : citez-en dans son œuvre d'autres exemples; montrez comment, ici, il est directement rattaché à la trame du roman; en quoi est-il particulièrement original dans cette page.

6. D'après ce court paragraphe, montrez l'intention satirique de Vol-taire. Mais la question n'est-elle pas à l'ordre du jour au XVIIIe siècle? Quelle dissertation célèbre l'atteste-t-elle? Quelle était l'attitude de Voltaire sur ce point?

l'aventure de la tour de Babel, toute la terre aurait parlé français[1].

L'interrogant bailli, qui, jusque-là, s'était défié un peu du personnage, conçut pour lui un profond respect : il lui parla avec plus de civilité qu'auparavant, de quoi l'Ingénu ne s'aperçut pas.

Mlle de Saint-Yves était fort curieuse de savoir comment on faisait l'amour au pays des Hurons. « En faisant de belles actions, répondit-il, pour plaire aux personnes qui vous ressemblent. » Tous les convives applaudirent avec étonnement, Mlle de Saint-Yves rougit, et fut fort aise. Mlle de Kerkabon rougit aussi, mais elle n'était pas si aise ; elle fut un peu piquée que la galanterie ne s'adressât pas à elle, mais elle était si bonne personne que son affection pour le Huron n'en fut point du tout altérée. Elle lui demanda avec beaucoup de bonté combien il avait eu de maîtresses en Huronie. Je n'en ai jamais eu qu'une, dit l'Ingénu : « C'était Mlle Abacaba, la bonne amie de ma chère nourrice ; les joncs ne sont pas plus droits, l'hermine n'est pas plus blanche, les moutons sont moins doux, les aigles moins fiers, et les cerfs ne sont pas si légers que l'était Abacaba. Elle poursuivait un jour un lièvre dans notre voisinage, environ à cinquante lieues de notre habitation. Un Algonquin[2] mal élevé qui habitait cent lieues plus loin vint lui prendre son lièvre ; je le sus, j'y courus, je terrassai l'Algonquin d'un coup de massue, je l'amenai aux pieds de ma maîtresse pieds et poings liés. Les parents d'Abacaba voulurent le manger[3], mais je n'eus jamais le goût pour ces sortes de festins ; je lui rendis sa liberté, j'en fis un ami. Abacaba fut si touchée de mon procédé qu'elle me préféra à tous ses amants. Elle m'aimerait encore si elle n'avait pas été mangée par un ours. J'ai puni l'ours, j'ai porté longtemps sa peau, mais cela ne m'a pas consolé. »

Mlle de Saint-Yves, à ce récit, sentait un plaisir secret d'apprendre que l'Ingénu n'avait eu qu'une maîtresse, et qu'Abacaba n'était plus ; mais elle ne démêlait pas la cause

---

1. A rapprocher d'un fragment de lettre à Catherine II (26 mai 1767) : « Je ne suis pas comme une dame de la cour de Versailles qui disait : « C'est bien dommage « que l'aventure de la tour de Babel ait produit la confusion des langues ; sans cela « tout le monde aurait toujours parlé français ». ; 2. Le groupe des *Algonquins* était le plus nombreux dans ces régions : les tribus en étaient nomades et agressives ; Champlain parvint à les coaliser avec les Hurons et les Français contre les Iroquois ; 3. Les Iroquois étaient anthropophages, non les Hurons. Voltaire était documenté sur la question (voir article « Anthropophage » dans le *Dictionnaire philosophique*).

de son plaisir. Tout le monde fixait les yeux sur l'Ingénu; on le louait beaucoup d'avoir empêché ses camarades de manger un Algonquin.

L'impitoyable bailli, qui ne pouvait réprimer sa fureur de questionner, poussa enfin la curiosité jusqu'à s'informer de quelle religion était M. le Huron : s'il avait choisi la religion anglicane, ou la gallicane, ou la huguenote. « Je suis de ma religion, dit-il, comme vous de la vôtre. — Hélas! s'écria la Kerkabon, je vois bien que ces malheureux Anglais n'ont pas seulement songé à le baptiser. — Eh! mon Dieu! disait Mlle de Saint-Yves, comment se fait-il que les Hurons ne soient pas catholiques? Est-ce que les révérends pères jésuites ne les ont pas tous convertis? » L'Ingénu l'assura que dans son pays on ne convertissait personne; que jamais un vrai Huron n'avait changé d'opinion, et que même il n'y avait point dans sa langue de terme qui signifiât *inconstance*. Ces derniers mots plurent extrêmement à Mlle de Saint-Yves[1].

« Nous le baptiserons! nous le baptiserons! disait la Kerkabon à M. le prieur. Vous en aurez l'honneur, mon cher frère; je veux absolument être sa marraine; M. l'abbé de Saint-Yves le présentera sur les fonts; ce sera une cérémonie bien brillante; il en sera parlé dans toute la Basse-Bretagne et cela nous fera un honneur infini. » Toute la compagnie seconda la maîtresse de la maison : tous les convives criaient : « Nous le baptiserons! » L'Ingénu répondit qu'en Angleterre on laissait vivre les gens à leur fantaisie; il témoigna que la proposition ne lui plaisait point du tout, et que la loi des Hurons valait, pour le moins, la loi des Bas-Bretons; enfin il dit qu'il repartait le lendemain. On acheva de vider sa bouteille d'eau des Barbades, et chacun s'alla coucher.

Quand on eut reconduit l'Ingénu dans sa chambre, Mlle de Kerkabon et son amie Mlle de Saint-Yves ne purent se tenir de regarder par le trou d'une large serrure, pour voir comment

---

1. Précisément en 1767 un chapitre de *Bélisaire*, roman de Marmontel, venait d'être censuré. On y lisait notamment : « Dans les espaces immenses de l'erreur, la vérité n'est qu'un point. Qui l'a saisi ce point unique? Chacun prétend que c'est lui; mais sur quelle preuve?... La persuasion vient du ciel ou des hommes. Si elle vient du ciel, elle a par elle-même un ascendant victorieux; si elle vient des hommes, elle n'a que les droits de la raison sur la raison. C'est donc à lui et à lui seul, à se décider sur un choix, d'où dépend à jamais sa perte ou son salut. Vous voulez m'obliger à penser comme vous! Et si vous vous trompez, voyez ce qui m'en coûte! » Dans le *Poème sur la loi naturelle* et dans l'*Essai sur les mœurs*, Voltaire revient sur la même idée.

dormait un Huron : elles virent qu'il avait étendu la couverture du lit sur le plancher, et qu'il reposait dans la plus belle attitude du monde. **(7) (8)**

CHAPITRE II

Le Huron, nommé l'Ingénu, reconnu de ses parents.

L'Ingénu, selon sa coutume, s'éveilla avec le soleil, au chant du coq, qu'on appelle, en Angleterre et en Huronie, *la trompette du jour*[1]. Il n'était pas comme la bonne compagnie, qui languit dans un lit oiseux jusqu'à ce que le soleil ait fait la moitié de son tour, qui ne peut ni dormir ni se lever, qui perd tant d'heures précieuses dans cet état mitoyen entre la vie et la mort, et qui se plaint encore que la vie est trop courte[2].

Il avait déjà fait deux ou trois lieues, il avait tué trente pièces de gibier à balle seule, lorsqu'en rentrant il trouva M. le prieur de Notre-Dame de la Montagne et sa discrète sœur se promenant en bonnet de nuit, dans leur petit jardin. Il leur présenta toute sa chasse, et, en tirant de sa chemise une espèce de petit

---

1. Réminiscence de Shakespeare, *Hamlet*, I, ɪ : « Le coq, dont la voix clarionnante annonce le jour »; **2.** L'ennui et le désœuvrement sont un peu un mal du siècle.

━━ QUESTIONS ━━

7. Montrez que, par touches successives, le portrait de l'Ingénu s'achève, au physique et au moral. Comment Voltaire fait-il de lui un personnage à la fois plein de vie et de séduction? Comment, du même coup, la suite des événements est-elle préparée? L'Ingénu ne s'exprime pas exactement comme les autres personnages : relevez les traits originaux de sa langue et de son style. — La couleur locale se mêle à la fantaisie. Relevez quelques traits authentiques de couleur locale et quelques éléments fantaisistes. — Les personnages de Mˡˡᵉ de Kerkabon et de Mˡˡᵉ de Saint-Yves : leurs caractères présentent des traits communs; dès maintenant apparaissent des traits originaux : indiquez-les; ont-ils seulement pour but de rendre le récit vivant?

8. SUR L'ENSEMBLE DU CHAPITRE PREMIER. — Composition de ce chapitre. Montrez que sa vivacité tient au style de l'auteur, au personnage de l'Ingénu dans ses réactions devant les événements.

— De quelle manière l'exposition est-elle faite? Soulignez qu'elle est indissociable de la progression qui se marque déjà.

— Montrez qu'à part le débarquement de l'Ingénu la suite des événements est liée uniquement aux caractères des personnages.

— Relevez les thèmes que Voltaire traite ici; précisez de quelle manière il le fait; ces idées sont-elles nouvelles sous la plume de l'auteur?

— Les différentes formes du comique dans ce chapitre.

talisman qu'il portait toujours à son cou, il les pria de l'accepter en reconnaissance de leur bonne réception. « C'est ce que j'ai de plus précieux, leur dit-il; on m'a assuré que je serais toujours heureux tant que je porterais ce petit brimborion sur moi; et je vous le donne, afin que vous soyez toujours heureux. »

Le prieur et mademoiselle sourirent avec attendrissement de la naïveté de l'Ingénu : ce présent consistait en deux petits portraits assez mal faits, attachés ensemble avec une courroie fort grasse.

Mlle de Kerkabon lui demanda s'il y avait des peintres en Huronie. « Non, dit l'Ingénu : cette rareté me vient de ma nourrice. Son mari l'avait eue par conquête, en dépouillant quelques Français du Canada qui nous avaient fait la guerre... C'est tout ce que j'en ai su. » **(1)**

Le prieur regardait attentivement ces portraits; il changea de couleur, il s'émut, ses mains tremblèrent. « Par Notre-Dame de la Montagne! s'écria-t-il, je crois que voilà le visage de mon frère le capitaine et de sa femme! » Mademoiselle, après les avoir considérés avec la même émotion, en jugea de même. Tous deux étaient saisis d'étonnement et d'une joie mêlée de douleur; tous deux s'attendrissaient; tous deux pleuraient; leur cœur palpitait; ils poussaient des cris; ils s'arrachaient les portraits; chacun d'eux les prenait et les rendait vingt fois en une seconde; ils dévoraient des yeux les portraits et le Huron; ils lui demandaient l'un après l'autre, et tous deux à la fois, en quel lieu, en quel temps, comment ces miniatures[1] étaient tombées entre les mains de sa nourrice; ils rapprochaient, ils comptaient les temps depuis le départ du capitaine; ils se souvenaient d'avoir eu nouvelle qu'il avait été jusqu'au pays des Hurons, et que, depuis ce temps, ils n'en avaient jamais entendu parler.

L'Ingénu leur avait dit qu'il n'avait connu ni père ni mère. Le prieur, qui était homme de sens, remarqua que l'Ingénu

---

1. Le *minium* était une substance rouge employée par les enlumineurs de manuscrits. *Miniature* a servi à désigner : d'abord la lettre dessinée en rouge; ensuite les peintures fines de petits sujets exécutées sur les manuscrits; enfin n'importe quelle aquarelle de petites dimensions peinte avec une délicatesse particulière.

———— QUESTIONS ————
1. Le Huron chasseur : montrez comment le comportement de l'Ingénu correspond exactement à l'impression produite par le personnage au début du roman. — Montrez que le coup de théâtre de la reconnaissance n'est pas amené par un incident fortuit, mais par le caractère même de l'Ingénu.

avait un peu de barbe; il savait très bien que les Hurons n'en ont point[1]. « Son menton est cotonné, il est donc le fils d'un homme d'Europe. Mon frère et ma belle-sœur ne parurent plus après l'expédition contre les Hurons, en 1669[2]. Mon neveu devait être alors à la mamelle. La nourrice huronne lui a sauvé la vie et lui a servi de mère. » Enfin, après cent questions et cent réponses, le prieur et sa sœur conclurent que le Huron était leur propre neveu. Ils l'embrassaient en versant des larmes; et l'Ingénu riait, ne pouvant s'imaginer qu'un Huron fût le neveu d'un prieur bas-breton. (2)

Toute la compagnie descendit. M. de Saint-Yves, qui était grand physionomiste, compara les deux portraits avec le visage de l'Ingénu; il fit très habilement remarquer qu'il avait les yeux de sa mère, le front et le nez de feu M. le capitaine de Kerkabon, et des joues qui tenaient de l'un et de l'autre.

Mlle de Saint-Yves, qui n'avait jamais vu le père ni la mère, assura que l'Ingénu leur ressemblait parfaitement. Ils admiraient tous la Providence et l'enchaînement des événements de ce monde[3]. Enfin, on était si persuadé, si convaincu de la naissance de l'Ingénu, qu'il consentit lui-même à être neveu de M. le prieur, en disant qu'il aimait autant l'avoir pour oncle qu'un autre.

On alla rendre grâce à Dieu dans l'église de Notre-Dame de la Montagne, tandis que le Huron, d'un air indifférent, s'amusait à boire dans la maison.

Les Anglais qui l'avaient amené, et qui étaient prêts à mettre à la voile, vinrent lui dire qu'il était temps de partir. « Appa-

---

1. Voltaire est exactement renseigné sur les caractéristiques des Peaux-Rouges (voir les « particularités de la nature » dans l'*Essai sur les mœurs*, ainsi que les *Entretiens d'un sauvage et d'un bachelier*). A l'article « Barbe » du *Dictionnaire philosophique*, on lit ceci : « Les Américains, de quelque contrée, de quelque couleur, de quelque stature qu'ils soient, n'ont ni barbe au menton ni aucun poil sur le corps, excepté les sourcils et les cheveux »; 2 En 1669, Jolliet et Cavelier de La Salle recherchent vers l'ouest la « mer du Sud »; plusieurs tribus iroquoises manifestent leur hostilité; mais on ne note aucune expédition contre les Hurons; 3. Allusion ironique à l'optimisme des disciples de Leibniz (voir *Candide*).

■■■ QUESTIONS ■■■

2. Voltaire attache, au point de vue dramatique, la plus grande importance « à l'appareil et aux attitudes ». « L'appareil, la pompe, la position des acteurs, le jeu muet sont nécessaires », écrit-il à Lekain, qu'il avait formé lui-même (lettre du 16 décembre 1760 à propos d'une représentation de *Tancrède*). D'après ces indications, montrez le caractère dramatique du récit : groupement des acteurs; jeux de physionomie; gestes; conformité des caractères avec eux-mêmes.

remment[1], leur dit-il, que vous n'avez pas retrouvé vos oncles et vos tantes. Je reste ici. Retournez à Plymouth : je vous donne toutes mes hardes ; je n'ai plus besoin de rien au monde, puisque je suis le neveu d'un prieur. » Les Anglais mirent à la voile, en se souciant fort peu que l'Ingénu eût des parents ou non en Basse-Bretagne.

Après que l'oncle, la tante et la compagnie eurent chanté le *Te Deum ;* après que le bailli eut encore accablé l'Ingénu de questions ; après qu'on eut épuisé tout ce que l'étonnement, la joie, la tendresse peuvent faire dire, le prieur de la Montagne et l'abbé de Saint-Yves conclurent à faire baptiser l'Ingénu au plus vite. Mais il n'en était pas d'un grand Huron de vingt-deux ans comme d'un enfant qu'on régénère sans qu'il en sache rien. Il fallait l'instruire, et cela paraissait difficile ; car l'abbé de Saint-Yves supposait qu'un homme qui n'était pas né en France n'avait pas le sens commun. (3)

Le prieur fit observer à la compagnie que si en effet M. l'Ingénu, son neveu, n'avait pas eu le bonheur de naître en Basse-Bretagne, il n'en avait pas moins d'esprit ; qu'on en pouvait juger par toutes ses réponses, et que, sûrement, la nature l'avait beaucoup favorisé tant du côté paternel que du maternel.

On lui demanda d'abord s'il avait jamais lu quelque livre. Il dit qu'il avait lu Rabelais, traduit en anglais, et quelques morceaux de Shakespeare, qu'il savait par cœur[2] ; qu'il avait trouvé ces livres chez le capitaine de vaisseau qui l'avait amené de l'Amérique à Plymouth, et qu'il en était fort content. Le bailli ne manqua pas de l'interroger sur ces livres. « Je vous avoue, dit l'Ingénu, que j'ai cru en deviner quelque chose, et que je n'ai pas entendu le reste. » (4)

---

1. *Apparemment :* en apparence, non en réalité ; *apparemment que* est une tournure ironique qui revient souvent sous la plume de Voltaire ; 2. Thème d'actualité. Shakespeare, longtemps méprisé en France au nom du bon goût, des règles, devient discuté. Voltaire même avoue : « Shakespeare intéresse. » En 1765 avait paru une édition de l'œuvre du dramaturge anglais.

QUESTIONS

3. Relevez les expressions ironiques. Qu'y a-t-il de comique dans l'attitude de M. de Saint-Yves et dans celle de Mlle de Saint-Yves? Que pensez-vous de la conjecture de l'abbé de Saint-Yves sur le peu de réceptivité de l'Ingénu?

4. Comment l'opinion de Voltaire sur Shakespeare transparaît-elle ici? Pourquoi ne l'exprime-t-il pas plus nettement? Le rapprochement avec Rabelais est-il fortuit? Analysez et expliquez le jugement de l'Ingénu.

L'abbé de Saint-Yves, à ces discours, fit réflexion que c'était ainsi que lui-même avait toujours lu, et que la plupart des hommes ne lisaient guère autrement. « Vous avez sans doute lu la *Bible* ? dit-il au Huron. — Point du tout, monsieur l'abbé : elle n'était pas parmi les livres de mon capitaine; je n'en ai jamais entendu parler. — Voilà comme sont ces maudits Anglais! criait Mlle de Kerkabon; ils feront plus de cas d'une pièce de Shakespeare, d'un plum-pudding et d'une bouteille de rhum que du Pentateuque[1]! Aussi n'ont-ils jamais converti personne en Amérique. Certainement ils sont maudits de Dieu, et nous leur prendrons la Jamaïque et la Virginie avant qu'il soit peu de temps[2]. »

Quoi qu'il en soit, on fit venir le plus habile tailleur de Saint-Malo pour habiller l'Ingénu de pied en cap. La compagnie se sépara. Le bailli alla faire ses questions ailleurs. Mlle de Saint-Yves, en partant, se retourna plusieurs fois pour regarder l'Ingénu; et il lui fit des révérences plus profondes qu'il n'en avait jamais fait à personne en sa vie.

Le bailli, avant de prendre congé, présenta à Mlle de Saint-Yves un grand nigaud de fils qui sortait du collège; mais à peine le regarda-t-elle, tant elle était occupée de la politesse du Huron. **(5) (6)**

---

1. Le *Pentateuque* comprend les cinq premiers livres de l'Ancien Testament : la Genèse, l'Exode, le Lévitique, les Nombres, le Deutéronome; **2.** Précisément, en 1763, par le traité de Paris, la France vient d'abandonner à l'Angleterre le Canada, l'Ohio, le Mississippi. L'exclamation de Mlle de Kerkabon est d'une ironique amertume.

──────── **QUESTIONS** ────────

5. Confrontez ces propos sur la lecture avec ce conseil que donnait Voltaire à une jeune correspondante : « Je vous invite à ne lire que des ouvrages qui sont depuis longtemps en possession des suffrages du public et dont la réputation n'est point équivoque. Il y en a peu, mais on profite bien davantage en les lisant qu'avec tous les mauvais petits livres dont nous sommes inondés. » (*A Mademoiselle XXX*, 20 juin 1756.) Les attitudes et les gestes de Mlle de Saint-Yves; l'attitude de l'Ingénu. Quels événements l'auteur prépare-t-il ainsi? La scène finale entre Mlle de Saint-Yves et le *grand nigaud de fils :* comment concourt-elle à faire pressentir la suite?

6. SUR L'ENSEMBLE DU CHAPITRE II. — Montrez comment le Huron ne quitte plus cette fois le devant de la scène. De quelle manière détermine-t-il la marche de l'action?

— La juxtaposition des tons : relevez les éléments comiques et les passages dramatiques. Comment s'exprime l'émotion? Ne trouvons-nous pas celle-ci outrée, de nos jours?

CHAPITRE III

Le Huron, nommé l'Ingénu, converti.

Monsieur le prieur, voyant qu'il était un peu sur l'âge, et que Dieu lui envoyait un neveu pour sa consolation, se mit en tête qu'il pourrait lui résigner son bénéfice, s'il réussissait à le baptiser et à le faire entrer dans les ordres.

L'Ingénu avait une mémoire excellente. La fermeté des organes de Basse-Bretagne, fortifiée par le climat du Canada, avait rendu sa tête si vigoureuse que, quand on frappait dessus, à peine le sentait-il et, quand on gravait dedans, rien ne s'effaçait. Il n'avait jamais rien oublié. Sa conception était d'autant plus vive et plus nette que, son enfance n'ayant point été chargée des inutilités et des sottises qui accablent la nôtre[1], les choses entraient dans sa cervelle sans nuage. Le prieur résolut enfin de lui faire lire le Nouveau Testament. L'Ingénu le dévora avec beaucoup de plaisir; mais, ne sachant ni dans quel temps ni dans quel pays toutes les aventures rapportées dans ce livre étaient arrivées, il ne douta point que le lieu de la scène ne fût en Basse-Bretagne; et il jura qu'il couperait le nez et les oreilles à Caïphe et à Pilate, si jamais il rencontrait ces marauds-là.

Son oncle, charmé de ces bonnes dispositions, le mit au fait en peu de temps; il loua son zèle; mais il lui apprit que ce zèle était inutile, attendu que ces gens-là étaient morts il y avait environ seize cent quatre-vingt-dix années. L'Ingénu sut bientôt presque tout le livre par cœur. Il proposait quelquefois des difficultés qui mettaient le prieur fort en peine. Il était obligé souvent de consulter l'abbé de Saint-Yves, qui, ne sachant que répondre, fit venir un jésuite bas-breton pour achever la conversion du Huron.

Enfin la grâce opéra : l'Ingénu promit de se faire chrétien; [...] il promit de se faire baptiser quand on voudrait. **(1)**

Il fallait, auparavant, se confesser; et c'était là le plus difficile. L'Ingénu avait toujours en poche le livre que son oncle lui avait donné. Il n'y trouvait pas qu'un seul apôtre se fût

_____

1. A rapprocher des quatre dernières lignes du chapitre précédent.

──────── **QUESTIONS** ────────

1. Voltaire multiplie les traits satiriques (la providence, la transmission des bénéfices, l'ignorance du bas clergé, la grâce, etc.). Relevez-les. Les « naïvetés » de l'Ingénu : montrez qu'elles ne sont pas seulement comiques, mais qu'elles complètent l'allure satirique du passage.

confessé, et cela le rendait très rétif. Le prieur lui ferma la bouche en lui montrant, dans l'épître de saint Jacques le Mineur, ces mots qui font tant de peine aux hérétiques : *Confessez vos péchés les uns aux autres*[1]. Le Huron se tut, et se confessa à un récollet. Quand il eut fini, il tira le récollet du confessionnal, et, saisissant son homme d'un bras vigoureux, il se mit à sa place, et le fit mettre à genoux devant lui : « Allons, mon ami, il est dit : *Confessez-vous les uns aux autres* ; je t'ai conté mes péchés, tu ne sortiras pas d'ici que tu ne m'aies conté les tiens[2]. » En parlant ainsi, il appuyait son large genou contre la poitrine de son adverse partie. Le récollet pousse des hurlements qui font retentir l'église. On accourt, on voit le catéchumène[3] qui gourmait[4] le moine au nom de saint Jacques le Mineur. La joie de baptiser un Bas-Breton huron et anglais était si grande qu'on passa par-dessus ces singularités. Il y eut même beaucoup de théologiens qui pensaient que la confession n'était pas nécessaire, puisque le baptême tenait lieu de tout.

On prit jour avec l'évêque de Saint-Malo, qui, flatté, comme on peut le croire, de baptiser un Huron, arriva dans un pompeux équipage, suivi de son clergé. Mlle de Saint-Yves, en bénissant Dieu, mit sa plus belle robe et fit venir une coiffeuse de Saint-Malo, pour briller à la cérémonie. L'interrogant bailli accourut avec toute la contrée. L'église était magnifiquement parée ; mais, quand il fallut prendre le Huron pour le mener aux fonts baptismaux, on ne le trouva point.

L'oncle et la tante le cherchèrent partout. On crut qu'il était à la chasse, selon sa coutume. Tous les conviés à la fête parcoururent les bois et les villages voisins : point de nouvelles du Huron. (2)

---

1. Épître de saint Jacques, v, 16. Saint Jacques le Mineur, fils de Cléophas, l'un des douze Apôtres; selon la Tradition, il fut le premier évêque de Jérusalem. Il fut lapidé en 62 par ordre du sanhédrin; 2. Précisément Voltaire venait d'écrire dans les *Honnêtetés littéraires* : « L'auteur de l'*Essai sur les mœurs* a dit que, selon saint Thomas d'Aquin, il était permis aux séculiers de confesser dans les cas urgents; que ce n'est pas tout à fait un *sacrement*, mais que c'est *comme sacrement*... Au reste Thomas ne fit que recueillir les opinions de son temps et nous avons bien d'autres preuves que les laïques avaient le droit de s'entendre en confession les uns les autres, témoin le fameux passage de Joinville, dans lequel il confessa le connétable de Chypre... »; 3. *Catéchumène* : personne qu'on instruit pour le disposer au baptême. D'autre part, en 1768, parut à Amsterdam un opuscule de 34 pages signé Bordes et que l'on attribue parfois à Voltaire, intitulé *le Catéchumène traduit du chinois*; 4. *Gourmer* : battre.

--- QUESTIONS ---

Question 2, voir page 79.

On commençait à craindre qu'il ne fût retourné en Angleterre. On se souvenait de lui avoir entendu dire qu'il aimait fort ce pays-là. M. le prieur et sa sœur étaient persuadés qu'on n'y baptisait personne, et tremblaient pour l'âme de leur neveu. L'évêque était confondu et prêt à s'en retourner. Le prieur et l'abbé de Saint-Yves se désespéraient. Le bailli interrogeait tous les passants avec sa gravité ordinaire. Mlle de Kerkabon pleurait; Mlle de Saint-Yves ne pleurait pas, mais elle poussait de profonds soupirs, qui semblaient témoigner son goût pour les sacrements; elles se promenaient tristement le long des saules et des roseaux qui bordent la petite rivière de Rance, lorsqu'elles aperçurent au milieu de la rivière une grande figure assez blanche, les deux mains croisées sur la poitrine. Elles jetèrent un grand cri et se détournèrent. Mais, la curiosité l'emportant bientôt sur toute autre considération, elles se coulèrent doucement entre les roseaux; et, quand elles furent bien sûres de n'être point vues, elles voulurent voir de quoi il s'agissait. (3) (4)

CHAPITRE IV

L'Ingénu baptisé.

Le prieur et l'abbé, étant accourus, demandèrent à l'Ingénu ce qu'il fait là. « Eh parbleu! messieurs, j'attends le baptême :

QUESTIONS

---

2. Montrez que les excentricités de l'Ingénu dérivent toutes de son caractère. Comment Voltaire rappelle-t-il opportunément que l'Ingénu est Huron? Relevez les expressions les plus comiques. — L'art du récit : comment Voltaire maintient-il l'intérêt de curiosité?

3. L'attitude du bailli : montrez comment elle est restée identique depuis le début du roman; à ce propos, dites quelle impression produisent les épithètes que l'auteur accole systématiquement au nom de ce personnage; n'y a-t-il pas là un souvenir classique? — L'émotion générale devant la disparition de l'Ingénu : en quoi la scène est-elle dramatique plutôt que romanesque? — La quête de Mlle de Kerkabon et de Mlle de Saint-Yves; leur découverte; en quoi la fin du chapitre est-elle tout à fait dans le goût « Régence »? Pour la couleur locale, en quoi cette fin de chapitre rappelle-t-elle le prologue du roman?

4. SUR L'ENSEMBLE DU CHAPITRE III. — Montrez que ce chapitre est essentiellement satirique. En quoi le thème traité y prédisposait-il Voltaire?
— Précisez les critiques de Voltaire à l'égard de certains points du catholicisme à l'aide des notes et des réactions du Huron. L'auteur est-il toujours du même avis que son personnage central? En quoi les incartades de l'Ingénu jettent-elles un éclairage imprévu sur les usages décrits?

il y a une heure que je suis dans l'eau jusqu'au cou, et il n'est pas honnête[1] de me laisser morfondre.

— Mon cher neveu, lui dit tendrement le prieur, ce n'est pas ainsi qu'on baptise en Basse-Bretagne. Reprenez vos habits et venez avec nous. » Mlle de Saint-Yves, en entendant ce discours, disait tout bas à sa compagne : « Mademoiselle, croyez-vous qu'il reprenne sitôt ses habits? » Le Huron, cependant, repartit au prieur : « Vous ne m'en ferez pas accroire cette fois-ci comme l'autre. J'ai bien étudié depuis ce temps-là, et je suis très certain qu'on ne se baptise pas autrement : l'eunuque de la reine Candace[2] fut baptisé dans un ruisseau; je vous défie de me montrer, dans le livre que vous m'avez donné, qu'on s'y soit pris d'une autre façon. Je ne serai point baptisé du tout, ou je le serai dans la rivière. » On eut beau lui remontrer que les usages avaient changé : l'Ingénu était têtu, car il était Breton et Huron. Il revenait toujours à l'eunuque de la reine Candace; et quoique mademoiselle sa tante et Mlle de Saint-Yves, qui l'avaient observé entre les saules, fussent en droit de lui dire qu'il ne lui appartenait pas de citer un pareil homme, elles n'en firent pourtant rien, tant était grande leur discrétion. L'évêque vint lui-même lui parler, ce qui est beaucoup; mais il ne gagna rien : le Huron disputa contre l'évêque.

« Montrez-moi, lui dit-il, dans le livre que m'a donné mon oncle, un seul homme qui n'ait pas été baptisé dans la rivière, et je ferai tout ce que vous voudrez. » **(1)**

La tante, désespérée, avait remarqué que, la première fois que son neveu avait fait la révérence, il en avait fait une plus profonde à Mlle de Saint-Yves qu'à aucune autre personne

---

1. *Honnête* : poli, courtois; 2. *La reine de Candace* avait-on imprimé en 1767; mais dans les *errata* on avait corrigé : *la reine Candace*. Et, poursuivant le jeu de la mystification initiale, l'éditeur ajoutait : « Comment le père Quesnel aurait-il ignoré que Candace était le nom des belles reines d'Éthiopie, comme Pharaon ou Pharon était le titre des rois d'Égypte? » L'une des reines d'Éthiopie qui porta ce nom fut convertie à la religion chrétienne par son trésorier l'eunuque Judas.

QUESTIONS

1. Encore une scène où l'Ingénu est le personnage central; montrez que, comme dans les précédentes, chacun des autres personnages a, en face de lui, une attitude originale; en prenant des exemples dans d'autres contes que vous avez lus ou étudiés, vérifiez que jamais dans un conte de Voltaire deux personnages n'ont exactement les mêmes réactions. Comment chaque personnage affecte-t-il d'ignorer le caractère scabreux de la situation? Appréciez la solidité de la documentation concernant le Nouveau Testament en utilisant les renseignements donnés dans la note 1 de la page 78, en particulier.